Fragmentos para a história da filosofia

BIBLIOTECA PÓLEN

Para quem não quer confundir rigor com rigidez, é fértil considerar que a filosofia não é somente uma exclusividade desse competente e titulado técnico chamado filósofo. Nem sempre ela se apresentou em público revestida de trajes acadêmicos, cultivada em viveiros protetores contra o perigo da reflexão: a própria crítica da razão, de Kant, com todo o seu aparato tecnológico, visava, declaradamente, libertar os objetos da metafísica do "monopólio das Escolas". O filosofar, desde a Antiguidade, tem acontecido na forma de fragmentos, poemas, diálogos, cartas, ensaios, confissões, meditações, paródias, peripatéticos passeios, acompanhados de infindável comentário, sempre recomeçado, e até os modelos mais clássicos de sistema (Espinosa com sua ética, Hegel com sua lógica, Fichte com sua doutrina-da-ciência) são atingidos nesse próprio estatuto sistemático pelo paradoxo constitutivo que os faz viver. Essa vitalidade da filosofia, em suas múltiplas formas, é denominador comum dos livros desta coleção, que não se pretende disciplinarmente filosófica, mas, justamente, portadora desses grãos de antidogmatismo que impedem o pensamento de enclausurar-se: um convite à liberdade e à alegria da reflexão.

Rubens Rodrigues Torres Filho

Arthur Schopenhauer

FRAGMENTOS PARA A HISTÓRIA DA FILOSOFIA

Tradução, apresentação e notas
Maria Lúcia Cacciola

ILUMI//URAS

Biblioteca Pólen
Dirigida por Rubens Rodrigues Torres Filho

Título original
Fragmente zur geschichte der philosophie

Copyright © desta tradução e edição
Editora Iluminuras Ltda.

Capa
Fê | *Estúdio A garatuja amarela*
sobre detalhe de *Triptych — Studies of the human body* (1979),
óleo sobre tela [78 x 58 cm], Francis Bacon. Coleção privada.

Revisão técnica
Márcio Suzuki

Revisão
Eliane de Abreu Santoro

CIP-BRASIL. CATALOGAÇÃO NA PUBLICAÇÃO
SINDICATO NACIONAL DOS EDITORES DE LIVROS, RJ
S394f

    Schopenhauer, Arthur, 1788-1860
        Fragmentos para a história da filosofia / Arthur Schopenhauer ; tradução, apresentação e notas Maria Lucia Cacciola. - 1. ed., 2. reimpr. - São Paulo 2024.
        152 p. ; 21 cm.

    Tradução de: Fragmente zur geschichte der philosophie

    ISBN 978-85-7321-166-5

    1. Filosofia alemã - História. I. Cacciola, Maria Lucia. II. Título.

24-88704   CDD: 193
                CDU: 1(430)

Gabriela Faray Ferreira Lopes - Bibliotecária - CRB-7/6643

2024
ILUMI//URAS
desde 1987
Rua Salvador Corrêa, 119 - Aclimação - São Paulo/SP - Brasil
Tel./ Fax: 55 11 3031-6161
iluminuras@iluminuras.com.br
www.iluminuras.com.br

ÍNDICE

Prefácio sobre *A história da filosofia*, 9
Maria Lúcia Cacciola

Fragmentos para a história da filosofia, 21

PREFÁCIO SOBRE *A HISTÓRIA DA FILOSOFIA*

Maria Lúcia Cacciola

Este texto de Schopenhauer encontra-se no primeiro volume dos *Parerga e paralipomena,* editado em Berlim em 1851, em dois volumes, pela editora Hayn. Schopenhauer escreveu dois esboços para um prefácio dos *Parerga* no ano 1845 ou talvez 1846. Em ambos, o autor explica que esses escritos complementares à sua obra principal não podem propiciar o conhecimento do seu sistema filosófico e a possível avaliação dele, a saber, não dispensam a leitura de *O mundo como vontade e representação.* Apesar disso, parte dos *Paralipomena,* do capítulo 14 em diante, e todo o livro dos *Parerga* permitem a compreensão mesmo daqueles que não estão familiarizados com sua obra principal. É dito ainda, no segundo esboço, que tais escritos, embora não fazendo parte de sua obra principal, lançam uma luz sobre ela e que foram reunidos no espírito do pensamento lá exposto, servindo ainda como complementos ao seu leitor.

No primeiro capítulo do texto aqui traduzido, afirma o autor que a história da filosofia deve basear-se, em primeiro lugar, na leitura dos textos do filósofos. Mas qual significado tem para ele tal princípio norteador? Na metáfora da mastigação da própria comida, com a qual inicia seu texto, já está latente a importância que tem para ele o texto original. É bem perceptível para o leitor de Schopenhauer a analogia entre essa necessidade de referência imediata ao texto e a concepção filosófica que expõe no Mundo, desde que ela, na tarefa a que se propõe de explicar o mundo, privilegia a experiência direta do sujeito.

É a experiência que o sujeito tem do seu próprio corpo, e não qualquer referência exterior, o ponto de partida para a decifração do mundo. Do mesmo modo é o corpo do texto, e não a visão que dele têm seus resenhadores ou comentadores, que pode tornar presente o seu espírito por meio do estilo. Forma e conteúdo não podem separar-se sob pena de termos quando muito um produto deglutido por outrem, no qual, com a deturpação da forma, também o conteúdo e o sentido se alteram.[1]

O critério do balanço que faz Schopenhauer de todas essas filosofias que se enfileiram nos *Fragmentos* é a sua adequação em relação à sua força explicativa do "mundo": a busca de uma explicação que não deixe "resto" como se fosse uma conta exata. Poderia supor-se a partir daí que sua filosofia privilegia um certo modelo matemático, mas, ao contrário, o que ele assume de pronto é a diferença posta por Kant entre filosofia e matemática, a saber: a filosofia e a matemática lidam ambas com os conceitos, mas, à diferença da filosofia, essa constrói os seus conceitos na intuição, enquanto aquela não dispõe de intuições, ficando no campo da abstração conceitual. Assim Kant as teria separado mostrando que o modelo da matemática não convém de nenhum modo à filosofia, porque pode levá-la como ciência de meros conceitos a querer dizer mais do que pode. É o projeto crítico, ao exigir que os conceitos *a priori* se refiram à experiência o operador de tal separação, mostrando, na indistinção de ambas, o erro das filosofias anteriores, a saber

---

[1] Nos *Parerga* diz Schopenhauer: "Um livro nada mais é que a impressão dos pensamentos de seu autor. O valor desses pensamentos está ou no conteúdo (*Stoff*), aquilo sobre o que (*worüber*) pensou ou na *forma* (*Form*), quer dizer, a elaboração do conteúdo, portanto naquilo que (*Was*) pensou sobre ele". Enquanto a especificidade do conteúdo refere-se ao objeto, a da forma (*Was*) está no sujeito e, assim, se os objetos podem ser acessíveis a todos, e por todos conhecidos, é a forma da apreensão, o *que* do pensamento que dá o valor, situando-se no sujeito.

o desvio dogmático. Assim, ao tratar o fenômeno como o que é em si, a razão se perde em "visões transcendentes".[2] Schopenhauer vale-se dessa distinção posta por Kant para estabelecer como fonte da filosofia não os conceitos, para ele abstratos, mas a intuição, não mais puramente sensível, mas intelectual. Ora, o que significa tal intuição intelectual para Schopenhauer, idealista? Não o mesmo que uma possibilidade de atingir o Absoluto, como lê em Fichte e Schelling, mas o trabalho do entendimento já na própria percepção: a saber, no processo de conhecimento — o dado sensível nunca se apresenta em sua nudez, mas afetado sempre por uma faculdade da mente. Isso significa também que todo conhecimento tem de ter sua fonte na experiência, e não só o conhecimento do senso comum e da ciência, mas até mesmo o conhecimento metafísico. A metafísica deixa de ser o conhecimento do supra--sensível, como no dogmatismo pré-kantiano, e torna-se um tipo de conhecimento que tem sua fonte na experiência interna, justo onde ela se cruza com a externa: no corpo em ação. O corpo é que é vontade, vontade de viver, e torna possível uma metafísica, como expressão dele próprio e do mundo, visto como vontade. É preciso frisar que tal conhecimento difere do conhecimento do mundo tomado como representação de um sujeito que conhece, ou seja, como fenômeno, e, se a metafísica para Schopenhauer não está para além do fenômeno, ela se põe para "além" da representação, ou melhor, para "aquém", desde que é conhecimento do que não é representação, mas da coisa-em-si. Mas ainda se pode falar aí em conhecimento no sentido kantiano? Por certo que não, uma vez que não se trata de mediação, por meio de conceitos *a priori*, e sim de conhecimento imediato. O começo é a experiência, mas a ela não se aplicam os conceitos, já que o intelecto como fonte de representações não se presta ao saber metafísico.

---

[2] Kant, I. *Crítica da razão pura*, B 8 e 9 e "Prefácio à segunda edição da *Crítica*", B XXX, São Paulo, Abril (col. Pensadores), 1980.

Se o mundo é comparado a um livro a ser decifrado, sendo a chave do enigma a vontade — o querer-viver —, as filosofias são suas leituras, e sua história a desse deciframento. Não deixar resto significa encontrar uma chave que permita o completo deciframento do texto, que busque a transparência na letra de seu sentido ou "espírito". Ambos colam um ao outro e, do mesmo modo que sem a experiência não é possível decifrar o enigma do mundo, não se pode esperar entender uma filosofia afastando-se de sua letra. Os manuais de história da filosofia que são como apanhados de ideias, ou de "sentidos", nada mais fazem do que oferecer ao leitor meras abstrações das mesmas, filtradas pelo intelecto do historiador e, portanto, irremediavelmente infiéis, tal como o contar a história de uma vida não pode substituí-la.

Daí a resolução de escrever fragmentos sobre essa história, em que Schopenhauer confessa estar emitindo seus próprios juízos sobre as filosofias, sem ter a intenção de manter-se num afastamento abstrato, imitando um falar impessoal ou fazendo história como descrição objetiva, como obra de um cientista. Estamos mais diante de um "artista" que relê os textos e os reproduz com sua força criativa. Mesmo porque para ele a filosofia é arte e ciência ao mesmo tempo.[3] A metafísica mantém com as ciências uma relação de fundamentação e de complementaridade, isto é, de um lado, já que a física, ao operar com o princípio de razão do devir, a saber, a causalidade, não pode se autofundamentar, surge a necessidade de uma metafísica; de outro, a metafísica, como esclarecimento dos fenômenos no mundo, tem de partir da *ciência da natureza*.[4] Mas a filosofia aproxima-se da arte, sendo espelhamento e repetição do mundo

---

[3] Minha filosofia deve diferenciar-se de todas até então (excetuando-se de certo modo a platônica), no seu ser mais íntimo, já que ela não é, como todas as outras, uma mera aplicação do princípio de razão, tomando-o como fio condutor, o que têm de fazer todas as ciências, mas uma arte." Manuscritos póstumos, v. I, p. 220, Munique, Ed. Hübscher, 1985.

[4] "Ninguém deve por isso mesmo arriscar-se na metafísica 'sem antes ter adquirido um conhecimento que, embora geral, seja profundo, claro e coerente de todos os ramos da ciência da natureza." Citado no artigo *Induction oder Expression* de Dieter Birnbacher in 69. Schopenhauer-Jahrbuch-Edição Waldemar Kramer. Frankfurt am Main.

concreto. À filosofia cabe, como à arte, descrever os fenômenos de modo coerente, condensando-os a partir de um princípio e remetendo-os ao seu núcleo. Schopenhauer aproxima a filosofia da arte e o filósofo do artista; o filósofo é genial quando apreende o mundo de modo intuitivo e não apenas discursivo.[5] Suas reflexões sobre as filosofias desde os gregos até a sua própria mostram uma direção, ou mesmo um progresso, cujo auge é a "revolução copernicana" de Kant e a distinção entre fenômeno e coisa-em-si, que Schopenhauer nomeia respectivamente de representação e vontade.[6] A descoberta de Kant vai, no entanto, ensejar uma correção de rota que privilegiará o intuitivo em relação ao abstrato, o corpo como objeto imediato em relação à razão, domínio do conceito e dos conhecimentos universais. Kant teria, mesmo ao deixar de lado o dogmatismo anterior, dado margem a uma "mistura malsã" entre esses dois âmbitos — o entendimento, próprio ao conhecimento intuitivo, e a razão, fonte dos conceitos abstratos. Teria ainda dado lugar para algo como a coisa-em-si, admitida por Schopenhauer, mas exigindo um outro tipo de inferência. Ou seja, a coisa-em-si kantiana é ainda, para Schopenhauer, um resto de objetividade e transcendência, enquanto é confundida com o *dado* que produz em nós afecções; a origem destas não mais se cinge à subjetividade, mas a extrapola, permitindo pensar-se num Deus produtor. A coisa-em-si schopenhaueriana, como Vontade, é remetida sempre ao sujeito, ou seja, ao corpo como vontade manifesta, impedindo qualquer extrapolação para um ser criador.[7] E é justamente a grande preocupação

---

[5] Ver a respeito o artigo citado de Dieter Birnbacher.

[6] Nos *Fragmentos para a história da filosofia* Schopenhauer, ao mostrar o condicionamento da realidade empírica através do tempo, do espaço e da causalidade, ou seja, ao exibir o processo da constituição da realidade por meio de seus *a prioris*, afirma o progresso feito por aquele que concebeu o espírito do idealismo transcendental de Kant, que estaria na base de sua própria filosofia.

[7] Enquanto exposição do sentido e conteúdo do mundo, a filosofia de Schopenhauer não ultrapassa a experiência, a experiência entendida como "totalidade da experiência" ("das ganze und Allgemeinheit der Erfahrung"). Como diz textualmente Dieter Birnbacher, "O metafísico não é mais a origem, mas o conteúdo da experiência. O

do filósofo: a separação completa entre filosofia e teologia. O não deixar resto para uma filosofia remete-se a sua potência explicativa, que nada pode deixar de fora. Ora, o Deus é sempre o inexplicável, aquilo do qual é impossível conhecimento e, pois, discurso filosófico, tal como o Absoluto. Pressupor um entendimento fora do mundo que o ordene significa estabelecer de modo arbitrário, pois de prova impossível, uma instância transcendente a esse mundo, e que só pode ser um Deus. A razão, cuja etimologia é lembrada pelo filósofo, *ratio, logos, discurso*, como lugar de onde emana o que se deve chamar de filosofia, é impotente diante do Deus, que jamais poderá ser uma razão de explicação do mundo, quer posta fora dele, como no teísmo, quer coincidente com ele, como no panteísmo. Ou seja, ao procurar explicar o mundo definindo-o como Deus, tratar-se-ia de explicar o mais conhecido pelo menos, ou mesmo o possível pelo impossível de conhecer.

Os fragmentos das filosofias que se sucedem nessa obra trazem remissões à própria filosofia de Schopenhauer, quer por estarem mais próximos dela, abrindo para uma apreensão intuitiva do real, quer por estarem no polo oposto, ao privilegiarem o raciocínio abstrato, afastando-se da experiência. O mundo visto de forma *ideal* é representação de um sujeito que conhece, mera aparência que oculta a essência, ao passo que o mundo *real* está disponível para o sujeito enquanto quer, enquanto nele se manifesta a vontade de viver. Essa manifestação é imediata e dispensa o arcabouço conceitual. A vida filtrada pelos conceitos se instaura num outro domínio e, depois de conceitualizada, não mais permite o caminho da volta para a experiência. Perdem-se as nuanças e as diferenças e, embora ainda no terreno subjetivo, o que se tem é uma imagem esquemática do que é real. Assim a filosofia dá um grande passo quando, a partir de Descartes, instaura-se na subjetividade, embora seja apenas com Berkeley que essa tendência se firme — ele

que interessa ao filósofo no texto do mundo, é aquilo que ele significa por si próprio, não aquilo que um eventual autor quis dizer com ele" (artigo citado, p. 13).

é "o pai do idealismo", e na primeira parte de *O mundo como vontade e representação*, ao tratar do mundo visto como (*als*) representação do sujeito, Schopenhauer invoca o *esse est percipi*, como primeira verdade. Descartes, em contrapartida, ao tomar o sujeito como substância pensante, desvia-se do imediato, já que, como conceito, a substância é sempre mediata como tudo o que é objetivo. O único imediato é o subjetivo. Descartes, depois de reconhecer que se tinha de partir do imediato e, portanto, do subjetivo, inaugurando uma nova era na filosofia, instaura a realidade objetiva do mundo, garantida pela veracidade de Deus, desviando-se, pois, da boa via e, isto, por ter elegido o *cogito* como ponto de partida, e não o *quero*. Ao inverter o *cogito*, Schopenhauer aponta para o sujeito que quer como única via para o ser, já que aquele é posto imediatamente.

O mundo como (*als*) Vontade é, assim, o que há de *real* (*reales*). Dá-se para o sujeito enquanto indivíduo, ou seja, enquanto corpo e conhecimento imediato dele, por meio de sua ação. E, enquanto a ideia de substância for posta como ponto de partida para a filosofia, estaremos irremediavelmente presos a um ponto de vista mediato e, pois, abstrato, a partir do qual só o método dedutivo é o adequado. Comparando Bacon e Aristóteles, Schopenhauer privilegia o primeiro na adoção de método indutivo, que vai do particular para o geral. Daí que, na escolástica, ele opte pelo nominalismo para o qual o que tem realidade é o particular, ao passo que o universal tem apenas realidade de empréstimo, a de um mero nome.

Mas se a filosofia é o saber do imediato, daquilo que se apresenta para o sujeito como sua essência, o querer-viver, ela é também inevitavelmente linguagem e seu instrumento é o conceito. Porém, se é bem-sucedida na sua tarefa de explicar o mundo, seus conceitos ou nomes têm de referir-se, em última análise, a algo imediato dado na experiência de cada um. Esse critério é que permite a exatidão desse saber como ciência., mas não é o único e apoia-se, aliás, em outro: o modo que esse saber se constitui como linguagem. A arte — estando intimamente ligada à filosofia — é a instância de avaliação que detecta o logos do gênio, a sua capacidade de traduzir a verdade do mundo; é a clareza e concisão de seu discurso, que não deixa "resto", que permite "julgar" a correção de sua filosofia. É, pois, o corpo do texto que revela o pensamento de seu autor e a sua adequação para decifrar o enigma do mundo. É decisivo o estilo do filósofo e a clareza de sua exposição.[8] É aí que vemos, nesses fragmentos, sucederem-se referências ao estilo dos filósofos, estilo que alude às influências de seu filosofar, como, por exemplo, a contaminação pelas religiões — saudável em certos casos, como no de Pitágoras, em que Schopenhauer detecta a influência do Oriente e do budismo, religião desprovida da noção de um Deus criador; e nociva, como no caso da escolástica, que se enlaça à religião cristã, ou no de Espinosa, onde encontra traços do Deus judaico-cristão, ou seja, o partir de conceitos abstratos e universais que exigem o método dedutivo evoca a suma abstração, o Deus judaico-cristão e o criacionismo.

Na filosofia antiga, traços dessa forma de leitura também se apresentam, muito embora lá não esteja presente a figura do deus único da religião judaico-cristã. A filosofia de Aristóteles, ainda que empirista, ao tomar como ponto de partida a substância teria se mostrado adequada à filosofia cristã e, além disso, sua concepção relativa à ciência física e à astronomia teria prestado bom serviço a essa filosofia, serva da teologia. Bacon corrige a rota da Aristóteles partindo decididamente da experiência e do singular e valendo-se do método intuitivo para chegar ao geral.

Nessas correções de rota que Schopenhauer alinha, está embutida certa admissão de um progresso na filosofia, para

---

[8] Como diz Schopenhauer nos *Paralipomena*: "Vemos todo escritor efetivo esforçar-se em exprimir seus pensamentos do modo mais puro, seguro e conciso possível. Assim tornou-se a simplicidade frequentemente um sinal não só da verdade, mas também do gênio. O estilo contém a beleza dos pensamentos, ao passo que, nos pensadores aparentes, os pensamentos devem tornar-se belos pelo estilo. Portanto o estilo é a mera silhueta dos pensamentos: escrever mal ou obscuramente significa pensar de modo indistinto ou confuso". Mais adiante define como regra do bom estilo *"que se tenha algo a dizer"*. Schopenhauer, *Werke*, v. V, p. 609, Darmstadt, Ed. Löneysen Wissenschaftliche Buchsgesellschaft, 1974.

quem admitiu os pressupostos do idealismo transcendental de Kant.[9] Como conciliar essa noção de progresso com a concepção do tempo do filósofo, isto é, sua idealidade? Se o tempo é ideal e só se refere às representações que têm sua fonte no empírico, como fazê-lo valer para além do devir, como anunciar um progresso do discurso ou do logos? Ora, é justamente essa idealidade em que se revela o presente como o único que tem realidade e na qual se oferecem para o leitor os textos dos filósofos que, embora autônomos, são unificados pelo poder reflexivo do seu leitor filosófico. É só este que, ao interpretá-los e julgá-los, refazendo esse caminho, tem o poder de lê-los no sentido de um movimento ascendente, embora não linear, que dá a esse discurso um maior poder explicativo. É a partir do próprio intelecto que se desvela, portanto, a essência do mundo, sem esquecer que esse mesmo intelecto é obra da sua vontade ou da vontade que por ele se manifesta. As duas tendências da exposição filosófica, seja o privilégio do intuitivo, seja do abstrato, sucedem-se polemizando, até chegar a uma espécie de conciliação, apesar de incompleta, na filosofia kantiana. É o filósofo intérprete que, a partir da sua filosofia como centro, instaura o tempo e a direção desse transcorrer discursivo que se apresenta na concretude dos textos filosóficos. Ou seja, é o sujeito com seu poder de julgar que dá unidade e sentido a essa História. A história da filosofia é a interpretação dos textos, do mesmo modo que a filosofia é decifração do livro do mundo.[10]

Nessa história fragmentária que Schopenhauer diz ser, pelo menos, original, sucedem-se acertos e enganos. Dos acertos de

[9] As três proposições, consideradas a base do idealismo transcendental, encontram-se enumeradas nas páginas 39-40 da presente tradução, referindo-se à idealidade do tempo e ao fato de a coisa-em-si encontrar-se fora do tempo.

[10] Ao marcar as semelhanças entre Sócrates e Kant Schopenhauer os aproxima na consciência da ignorância nas coisas da metafísica, na certeza do prático em relação ao teórico e no desvio por parte dos seus seguidores que se tornaram dogmáticos. Schopenhauer confessa-se aí kantiano, ao aceitar a afirmação de Kant de que nada podemos conhecer além da experiência. Admite isso, ressalvando que "a experiência, no seu todo, é passível de uma interpretação que tentei dar, decifrando-a como um escrito", p. 37 do presente texto.

um Berkeley, por exemplo, ou de um Locke, chegamos aos erros gritantes de um Leibniz ou até mesmo de Espinosa, embora esse último se equivoque apenas em parte, ou seja, na opção realista, justo por fazer uso de conceitos cartesianos como Deus, substância e outros sem tê-los criticado suficientemente.[11] Do mesmo modo que, do momento decisivo e revolucionário que Kant representa, passa-se ao engano dos que se dizem seus seguidores, Fichte, Schelling e Hegel, que contrabandeiam conceitos que a filosofia crítica expulsara, tais como Absoluto e a intuição intelectual.

Nos fragmentos para essa história em zigue-zague, ainda assim pode-se descobrir um fio condutor na recusa de qualquer concessão à religião e a seus dogmas, e, como corolário, a recusa de um pensamento abstrato que não tenha como base uma visão da experiência, em suma, no pressuposto imanentista que se proíbe especulações transcendentes. O critério, sem dúvida, provém do sujeito, seja ele o intelecto que julga, seja a vontade — impulso —, que no mais das vezes o mobiliza. Schopenhauer intérprete não ignora que é o seu próprio "pensamento único" que se fragmenta nesses textos. O que pergunta sobre eles é se se harmonizam ou não com ele, se deixam algum resto em relação à conta exata da sua própria filosofia. Dogmatismo sem dúvida, porém imanente.[12]

Mas, se a sua filosofia também se pretende arte, é também nesse âmbito que se devem apreciar seus fragmentos sobre as

---

[11] No texto dos *Parerga*, "Doutrina do Real e do Ideal", afirma Schopenhauer que, apesar de Espinosa no início ter partido de Descartes, pondo assim uma *substantia cogitans* e uma *substantia extensa*, "quando andou com as próprias pernas descobriu que ambas eram uma e a mesma substância, vistas de diferentes lados, assim ora apreendida como (*als*) *substantia extensa*, ora como *substantia cogitans*. Isso quer dizer propriamente que a diferença entre o que pensa e o extenso ou entre espírito e corpo é infundada e inadmissível". No entanto Schopenhauer adverte que daí não se segue a afirmação da *Ética*, parte 2, prop. 7, escólio, que diz ser "um modo da extensão e a ideia deste modo um e o mesmo". Assim mesmo "se for infundada a diferença entre alma e corpo, entre algo que representa e o que é extenso não se segue que a diferença entre nossa representação e algo objetivo e real existente fora dela (...) seja também infundado", *Parerga, Schopenhauer Werke*, v. IV.

[12] Página 139 do presente texto.

filosofias. A arte é um modo de conhecimento liberto das amarras dos interesses que a vontade expressa. O discurso filosófico tem de ter autonomia para que a verdade nele transpareça. As tentativas de revelá-la cabem ao gênio filosófico. É esse gênio que se corporifica na obra filosófica, a exigir o exame acurado do estilo.

Uma história da filosofia como ciência, ou melhor, saber objetivo, no sentido que Schopenhauer dá a esse conceito, limita-se apenas a um aspecto, ocultando esse gênio, desvitalizando sua obra, e. podendo levar à sua deglutição interessada, que faz dela letra morta. Vive-se para filosofar, e não se filosofa para viver.[13]

É um fragmento de Schlegel que Schopenhauer cita quanto à necessidade de ler os próprios filósofos da Antiguidade, ao invés de ler histórias ou manuais de filosofia:

Leset fleisig die Alten, die wahren eigentlich Alten!
Was die Neuen davon sagen, bedeutet nicht viel.[14]

Os *Fragmentos para a história da filosofia* remetem-se ao texto anterior que está nos *Parerga, A filosofia universitária*, em que o autor expressa sua incredulidade quanto aos filósofos de profissão e à filosofia por eles ensinada. O perigo de deturpar o verdadeiro pensamento dos filósofos é iminente, já que tais professores não têm em mira a verdade, mas seus próprios interesses. O que transmitem não é o cerne das filosofias, mas algo que forjaram com suas cabeças medianas, ocupadas com os problemas do dia-a-dia. A obra do gênio nas suas mãos vira letra morta, adequada ao gosto do momento histórico para um público inculto e ávido por novidades que surgem aos milhares nas feiras de livros. Schopenhauer aponta aqui para o caráter de mercadoria, tanto da filosofia, como da literatura. O público deixa de lado a produção do gênio para consumir

---

[13] Ver *Filosofia universitária*, Ed. Martins Fontes.
[14] Lê aplicadamente os antigos, os antigos propriamente verdadeiros! O que os modernos dizem sobre algo não significa muito. *"Paralipomena", Schopenhauer Werke*, v. V, p. 656.

as escrivinhações de intelectos medíocres. A filosofia como ganha-pão deixa de servir à verdade, tornando-se serva dos interesses do mercado.

O Ideal kantiano da faculdade de filosofia — posta como instância crítica dos saberes produzidos nas faculdades superiores, teologia, direito e medicina — perde-se junto com os ideais da *Aufklärung* (Ilustração) e com o descrédito da racionalidade. A faculdade de filosofia perde seu teor crítico, igualando-se às demais como serva dos poderes instituídos, governo e Igreja. Nada mais lhe cabe a não ser o sofismar ao gosto do público.

Em suma a filosofia tem, tal como o mundo, dois aspectos: o de ciência que elabora um discurso racional constituído pelas representações conceituais, e o de arte, sendo exposição interpretativa do mundo. Nesta leitura artística o sujeito filosofante e seu objeto se fundem, traduzindo a Ideia, como essência. Exige-se, assim, a atividade própria do gênio e o mesmo desinteresse que se exprime na liberdade em relação ao querer. É, como na arte, a força do intelecto que permite a liberação das exigências quotidianas, tornando-se o filósofo "um espelho claro do mundo". Mas afinal é a própria Vontade que ao produzir o intelecto, possibilita o redobrar-se sobre si mesma e desvendar-se como essência, sob o véu de Maia da Representação.

FRAGMENTOS PARA A HISTÓRIA DA FILOSOFIA

§1
Sobre a mesma

Ler, em vez das próprias obras dos filósofos, variadas exposições das suas doutrinas ou a história da filosofia em geral é o mesmo que querermos que alguém mastigue a comida para nós. Quem leria a história mundial se tivesse a liberdade de observar com os próprios olhos os eventos passados que lhe interessam? Mas, no que diz respeito à história da filosofia, uma tal autópsia do seu objeto nos é verdadeiramente acessível, a saber, nos próprios escritos dos filósofos — nos quais, todavia, por amor à brevidade, podemos ainda limitar-nos a bem escolhidos capítulos principais. Inda mais que todos eles regurgitam de repetições que podem ser economizadas. Dessa maneira, conheceremos o essencial de suas doutrinas de modo autêntico e não falsificado, ao passo que, da meia dúzia de histórias da filosofia que agora aparecem a cada ano, recebemos apenas o que estava na cabeça de um professor de filosofia e, de fato, do modo como isso lhe apareceu. Donde se entende por si mesmo que os pensamentos de um grande espírito têm de encolher significativamente para caber no cérebro de três libras de um tal parasita da filosofia, de dentro do qual eles têm de ressurgir vestidos no correspondente jargão do dia, acompanhados de seu juízo precipitado. Pode-se, além disso, calcular que quem escreve história da filosofia para ganhar dinheiro mal deve ter lido uma décima parte dos escritos sobre os quais dá informações. O verdadeiro estudo destes exige toda uma vida longa e trabalhosa, como lhes devotou antigamente, nos velhos e industriosos tempos, o honrado *Brucker*.[1] Em contrapartida, o que de profundo poderiam ter investigado tais gentinhas, impedidas por constantes cursos, negócios burocráticos, viagens de férias e distrações e que, já nos seus verdes anos, entram em cena com histórias da filosofia? Além do mais, querem ainda ser pragmáticos, ter fundado e provado a necessidade do surgimento e da sucessão dos sistemas e, assim, ainda julgar, corrigir e ensinar aqueles filósofos honestos e genuínos das épocas passadas. Como poderia ser de outro modo, se eles copiam os antigos e uns aos outros e, depois, para esconder isso, arruínam ainda mais as coisas, já que se esforçam para lhes dar a *tornure* moderna do último quinquênio, julgando-os também de acordo com o espírito dele? Contra isto, seria bem oportuna uma coleção das passagens importantes e capítulos essenciais do conjunto dos principais filósofos, feita em comum e conscienciosamente por eruditos honestos e inteligentes e composta numa ordem cronológico-pragmática, mais ou menos do modo como, em primeiro lugar *Gedicke* e, mais tarde, *Ritter* e *Preller*[2] o fizeram com a filosofia antiga, todavia mais detalhadamente — ou seja,

---

[1] Johann Jakob Brucker nasceu em Augsburg em 1689 e morreu em 1777. Era historiador da filosofia e escreveu a *História critica philosophiae*, em cinco volumes, 1742-1744 (N.T.)

[2] Heinrich Ritter nasceu em 1791, em Zerbst, e morreu em 1869, em Gotinga. Foi professor em Berlim, Kiel e Göttingen. Foi historiador da filosofia, aluno de Schleiermacher e teísta. Escritos: *Über die Bildung der Philosophen durch die Geschchite der Philosophie* (*A formação dos filósofos pela história da filosofia*), 1817; *Geschichte der Jonischen Philosophie* (*História da filosofia jônica*), 1821; *Vorlesungen zur Einleitung in die Logik* (*Lições de introdução à lógica*); *Geschichte der Phitagorischen Philosophie* (*História da filosofia pitagórica*); *Die Halb-kantianer und der Pantheismus* (*Os meio-kantianos e o panteísmo*); *Geschichte der Philosophie*, 12 volumes; *Versuch über Verständigung der neueste Philosophie seit Kant* (*Tentativa de compreender a nova filosofia desde Kant*). (N.T.)

uma antologia (crestomatia) grande e universal, preparada com cuidado e conhecimento do assunto.

Os fragmentos que aqui apresento pelo menos não são tradicionais, isto é, não são copiados; são muito mais pensamentos ocorridos durante o próprio estudo das obras originais.

§2
Filosofia pré-socrática

Os filósofos eleatas são sem dúvida os primeiros que reconheceram a oposição entre o intuído e o pensado, φαινόμενα e νοούμενα. Só o último era para eles o ser verdadeiro, o ὄντως ὄν. Deste afirmavam a seguir que era um, imutável e imóvel; mas não afirmavam o mesmo dos φαινομένοις, quer dizer, do intuído, do que aparece, do dado empiricamente, já que afirmar tal coisa dele teria sido francamente risível. Por isso, a proposição assim mal compreendida foi uma vez refutada por Diógenes, de modo bem conhecido. Já distinguiam pois propriamente entre *fenômeno*, φαινόμενον, e *coisa-em-si*, ὄντως ὄν. A última não podia ser intuída sensivelmente, mas ser apreendida apenas pelo pensamento, era portanto νοούμενον (Aristóteles, "*Metafísica*" I, 5, p. 986 et scholia, editio Berolinensis, pp. 429-30 e 509). Nos escólios a Aristóteles (pp. 460, 536 e 798) está citado o escrito de Parmênides Τὰ κατὰ δόξαν [A doutrina da opinião]: esta teria sido a doutrina do *fenômeno*, e, portanto, a física. A ela teria correspondido, sem dúvida, uma outra obra, Τὰ κατ' ἀλήθειαν [A doutrina da verdade], a doutrina da *coisa-em-si*, e portanto a Metafísica. Um escólio de Filoponos diz positivamente de Melissus: "Ἐν τοῖς πρὸς ἀλήθειαν ἓν εἶναι λέγων τὸ ὄν, ἐν τοῖς πρὸς δόξαν δύο (teria de querer dizer πολλά) φησὶν εἶναι" [Enquanto explica na doutrina da verdade que o ser é um, afirma na doutrina da opinião que há dois (muitos) deles (escólio a Aristóteles, *Physica* 2, 6)]. O contrário dos eleatas, e provavelmente provocado por eles, é Heráclito, já que ensinava o movimento incessante de todas as coisas, ao passo que *eles* ensinavam a imobilidade absoluta; permaneceu pois no φαινόμενον (Aristóteles, *De caelo*, 3, 1, p. 298, editio Berolinensis). Deste modo, provocou como *seu* oposto a doutrina das Ideias de Platão, como se infere a partir da exposição de Aristóteles (*Metaphysica*, p. 1078).

É digno de nota que nós encontramos as proposições principais dos pré-socráticos que se conservaram, tão fáceis de contar, repetidas por incontáveis vezes nos escritos dos antigos. Além delas, todavia, bem pouco: assim, por exemplo, as doutrinas do νοῦς [espírito] de Anaxágoras e as ὁμοιομερίαι [elementos formados de partes semelhantes] — as de Empédocles, da φιλία καὶ νεῖκος [amor e ódio] e dos quatro elementos — a de Demócrito e Leucipo, dos átomos e dos εἰδώλοις [imagens] — a de Heráclito, do fluxo constante das coisas — a dos eleatas, como explicado acima — as dos pitagóricos, dos números, da metempsicose e assim por diante. No entanto, pode bem ser que isso fosse a soma de todo seu filosofar, já que encontramos também nas obras dos modernos — por exemplo, nas de Descartes, Espinosa, Leibniz e mesmo de Kant — as poucas proposições fundamentais das filosofias deles, repetidas inúmeras vezes. Assim, todos esses filósofos parecem ter adotado o dito de Empédo-cles, que também pode ter sido um amante da repetição, δὶς καὶ τρὶς τὰ καλά [o belo pode ser dito duas e mesmo três vêzes] (veja-se Sturz, *Empedoclis Agrigentini*).

Os dois dogmas mencionados de Anaxágoras encontram-se em estreita conexão — a saber: Πάντα ἐν πᾶσιν [tudo está em tudo] é sua caracterização simbólica do dogma das homeomerias. Na massa primordial caótica estavam pois, já prontas, as partes similares (no sentido fisiológico) de todas as coisas. Para separá--las e para juntar, ordenar e formar as coisas especificamente diferentes, era preciso um νοῦς, que, por meio da seleção das partes componentes, pusesse em ordem a confusão, pois o caos já continha a mais completa mistura de todas substâncias (escólio em Aristóteles, p. 337). O νοῦς, todavia, não realizou completamente a primeira separação, por isso em cada coisa ainda se podiam encontrar as partes componentes de todas as outras, ainda que em menor medida: Πάλιν γὰρ πᾶν ἐν παντὶ μέμικται [Tudo de fato mistura-se com tudo].

Empédocles, em contrapartida, tinha só quatro elementos ao invés das incontáveis homeomerias — a partir dos quais as coisas deveriam agora sair como produtos e não mais como edutos,[3] como em Anaxágoras. Porém o papel unificador e separador — e portanto ordenador — do νοῦς era nele desempenhado pela φιλία καὶ νεῖκος, amor e ódio. Ambos são muito mais sensíveis. A saber, para ele não é o *intelecto* (νοῦς) o encarregado da ordenação das coisas, mas a *Vontade* (φιλία καὶ νεῖκος), e as variadas substâncias não são, como em Anaxágoras, meros edutos, mas verdadeiros produtos. Anaxágoras faz com que elas surjam por meio de um entendimento que discerne; Empédocles, em contrapartida, por meio de um impulso cego, isto é, a vontade sem conhecimento.

Acima de tudo, Empédocles é um homem íntegro, e um *aperçu* mais profundo e verdadeiro está no fundamento de sua φιλία καὶ νεῖκος. Já na natureza inorgânica vemos os elementos procurarem-se ou se afastarem mutuamente, unirem--se e se separarem de acordo com as leis das afinidades eletivas. Aqueles que mostram a mais forte tendência para unirem-se quimicamente, mas que só podem liberar-se no estado líquido, entram na mais decisiva oposição elétrica quando em contato um com o outro no estado sólido. Separam-se então em pola-ridades opostas e hostis, para depois de novo se procurarem e se abraçarem. E essa oposição de polos que em geral aparece em toda a natureza, nas mais diversas formas, que outra coisa é senão uma sempre renovada discórdia, à qual se se-gue uma reconciliação ardentemente desejada? Assim φιλία καὶ νεῖκος estão presentes por toda parte, surgindo uma ou outra só de

---

[3] Eduto é o que já está contido no todo, ou na massa primordial, bastando apenas ser extraído ou separado. Do verbo latino *educere*. (N.T.)

acordo com as circunstâncias. De acordo com isso nós também podemos instantaneamente simpatizar ou antipatizar com cada ser humano que chega perto de nós: a disposição para ambos já existe e espera apenas pelas circunstâncias. Só a prudência nos diz para permanecermos no ponto indiferenciado da equivalência, muito embora este seja também o ponto de congelamento. Do mesmo modo também o cão desconhecido que se aproxima de nós está instantaneamente pronto para acionar o registro amigável ou hostil e passar facilmente do latir e rosnar para o abanar o rabo, e vice-versa. O que está no fundamento desse fenômeno comum da φιλία καὶ νεῖκος é por fim, certamente, a grande oposição originária entre a unidade de todos os entes em relação ao seu ser em si e sua total diferença no fenômeno, como aquela que tem por forma o princípio de individuação. Empédocles também tinha reconhecido como falsa a já por ele conhecida teoria dos átomos e ensinado, pelo contrário, a infinita divisibilidade dos corpos, como nos reporta Lucrécio (*De rerum natura*, livro I, v. 749 e ss.).

É porém, antes de tudo, digno de nota entre as doutrinas de Empédocles seu decidido pessimismo. Reconheceu plenamente a miséria de nossa existência, e o mundo é para ele, do mesmo modo que para verdadeiros cristãos, um vale de lágrimas (ἄτης λειμών). Já o compara, como mais tarde Platão, com uma caverna escura na qual fomos encarcerados. Vê na nossa existência terrena um estado de banimento e de miséria em que o corpo é o cárcere da alma. Essas almas já se encontraram por uma vez em um estado infinitamente feliz e caíram, por sua própria culpa e seus pecados, na presente degradação, na qual cada vez mais se emaranham em condutas pecaminosas, caindo no círculo da metempsicose; em contrapartida, por meio da virtude e pureza de costumes, da qual faz parte também a abstinência de alimentos animais, e por meio da renúncia aos gozos e desejos terrenos poderiam de novo alcançar o estado de outrora. — Portanto, a mesma sabedoria originária que constitui o pensamento fundamental do bramanismo e do budismo e também do verdadeiro cristianismo (no qual não devenos incluir o judaico-protestantismo otimista) foi também trazida à consciência por este grego antigo, por meio do que completou-se o *consensus gentium* a esse respeito. É bem provável que Empédocles, designado comumente pelos antigos como pitagórico, tenha recebido esse modo de ver de Pitágoras. Sobretudo porque Platão, estando ainda igualmente sob a influência de Pitágoras, no fundo também o partilha. Empédocles professa do modo mais decidido a doutrina da metempsicose que se conecta com essa visão de mundo. — Os trechos dos antigos que, junto com seus próprios versos, dão testemunho daquela concepção de mundo de Empédocles, encontram-se reunidos com muito capricho no *Empedocles Agrigentinus* de Sturzi (pp. 448-58). Egípcios, pitagóricos e Empédocles partilham com os hindus e budistas a visão de que o corpo é um cárcere; a vida, um estado de sofrimento e de purificação, do qual a morte nos libera, quando ficarmos livres da transmigração da alma. Com exceção da metempsicose, essa visão também está contida no cristianismo. Diodoro Siculus, Cícero e outros (veja-se Wernsdorf, *De metempsychosi veterum*, p. 31 e Cícero, *Fragmenta de philosophia*, p. 299 (*Somnium Scipionis*) 316, 319 [Editio Bipontini])[4] dão testemunho dessa concepção dos antigos. Cícero não menciona nesses trechos a que escola eles pertenciam; parecem, no entanto, ser remanescentes da sabedoria pitagórica.

Também nas opiniões doutrinárias restantes desses filósofos pré-socráticos, muito de verdadeiro pode ser demonstrado, do que darei apenas alguns exemplos.

---

[4] As Editiones Bipontinae eram edições, principalmente de clássicos latinos e gregos, publicadas em Zweibrücken, na Alemanha, de 1779 em diante. (N.T.)

De acordo com a cosmogonia de Kant e Laplace[5] — que ainda recebeu das observações de Herschel[6] uma confirmação fática *a posteriori* e que agora Lord Rosse[7] com seu refletor gigante esforça-se em tornar de novo vacilante para alívio do clero inglês — os sistemas planetários formaram-se por meio da condensação a partir de nuvens luminosas que lentamente se coagularam e depois giraram em círculos. Nisso, depois de séculos, ganhou de novo a questão Anaxímenes, que afirmou serem o ar e o vapor a matéria-prima de todas as coisas (escólio em Aristoteles, p. 514). Concomitantemente, Empédocles e Demócrito também receberam confirmação, já que também eles, como Laplace, explicavam a origem e constituição do mundo a partir de um torvelinho, δίνη (Aristotelis opera, editio Berolinensis, p. 295, *et scholia* p. 351), do que já Aristófanes zombava como sendo uma impiedade (*Nubes*, v. 820), do mesmo modo como hoje em dia comportam-se em relação à teoria de Laplace os padres ingleses, que não se sentem tão à vontade com essa explicação, do mesmo modo que com toda verdade que vem à luz, aliás, por medo de perder seus benefícios. Até mesmo nossa estoiqueometria[8] química reconduz de uma certa

[5] Pierre-Simon Laplace, astrônomo, matemático e físico francês (1749-1827), célebre por sua hipótese cosmogônica, segundo a qual o Sistema Solar proviria de uma nebulosa primitiva cercando um núcleo muito condensado e girando em torno de um eixo que passava pelo seu centro. Kant, em 1755, publicou, anonimamente, a *Historia geral da natureza e teoria do céu*, que na segunda parte desenvolve a origem dos corpos celestes. Sua teoria passou quase despercebida entre os cientistas e filósofos. Nem Lambert, que publicou em 1761 as *Cartas cosmológicas sobre a organização do mundo*, nem Laplace, na *Exposition du système du monde*, de 1796, referem-se ao texto de Kant. A tese de Kant sobre a origem do universo a partir de uma nebulosa primitiva coincide com a de Laplace, passando, por influência de Zollner, um filósofo iluminista berlinense, a ser conhecida como "hipótese Kant-Laplace". (N.T.)

[6] Sir Friedrich Wilhelm Herschel, astrônomo britânico de procedência alemã. Nascido em Hannover em 1738, morreu em 1822. Em 1776 construiu um telescópio-espelho. Em 1781 descobriu Urano. Outras descobertas importantes: o movimento próprio do sistema solar e o infra-vermelho. (N.T.)

[7] Conde Rosse, nascido em 1800 e falecido em 1867. Astrônomo irlandês e construtor do maior telescópio refletor do século XIX, o "Leviatã". Com ele descobriu a forma espiral de muitos objetos, classificados como *nebulae*, que agora são reconhecidos como galáxias individuais. (N.T.)

[8] Doutrina da composição e das relações de peso das ligações químicas. (N.T.)

maneira à teoria dos números de Pitágoras: Τὰ γὰρ πάθη καὶ αἱ ἕξεις τῶν ἀριθμῶν τῶν ἐν τοῖς οὖσι παθῶν τε καὶ ἕξεων αἴτια, οἷον τὸ διπλάσιον, τὸ ἐπίτριτον καὶ ἡμιόλιον [Pois as propriedades e relações dos números são o fundamento para as propriedades e relações das coisas, como, por exemplo, o duplo, um e um terço, um e meio] (escólio em Aristóteles p. 543 [a30] et 829). Sabe-se que o sistema copernicano foi antecipado pelo dos pitagóricos, e mesmo Copérnico sabia que seu pensamento fundamental tinha sido tirado diretamente dos trechos bem conhecidos sobre Hicetas nas *Academicae quaestiones* de Cícero [2, 39] e sobre Philolaus no *De placitis philosophorum*, l.3, cap. 13 (de acordo com Mac Laurin, *Sobre Newton*, p. 45). Mais tarde, Aristóteles rejeitou esse conhecimento antigo e importante, para pôr no seu lugar suas petas, do que falarei adiante no parágrafo 5 [...] (compare com *O mundo como vontade e representação*, 2, p. 342). Mas mesmo as descobertas de Fourier e Cordier sobre o calor no interior da Terra são confirmações da doutrina daqueles: Ἔλεγον δὲ Πυθαγόρειοι πῦρ εἶναι δημιουργικὸν περὶ τὸ μέσον καὶ κέντρον τῆς γῆς τὸ ἀναθάλπον τὴν γῆν καὶ ζωοποιοῦν [Os pitagóricos disseram que no meio da Terra encontra-se um fogo ativo que esquenta e vivifica a Terra] (escólio de Aristóteles, p. 504 [b42]). E se, em consequência daquelas descobertas, a crosta terrestre é vista hoje em dia como uma camada fina entre dois meios (atmosfera e calor, metal liquefeito e metaloides), cujo tocar-se tem de produzir um incêndio que aniquile aquela crosta, isso vem confirmar a opinião de que o mundo por fim será destruído pelo fogo, com o que concordam todos os filósofos antigos, opinião de que também os hindus partilham. (*Lettres édifiantes*, 1819, v. 7, p. 114). Merece atenção o fato de que, como se conclui a partir de Aristóteles (*Methaphysica* I, 5, p. 986), os pitagóricos já tinham concebido o *Yin* e *Yan* dos chineses com o nome de δέκα ἀρχαί (dez princípios).

Já indiquei brevemente e quero aqui explicar de modo mais detalhado como a metafísica da música, tal como a expus na minha obra principal[9] (v. I, parágrafo 52 e v. 2, cap. 39), pode ser considerada uma exposição da filosofia pitagórica dos números. Nisso, porém, pressuponho que as passagens citadas estejam presentes para o leitor. Consequentemente, portanto, a *melodia* expressa todos os movimentos da vontade, tal como ela se manifesta na autoconsciência humana, quer dizer, todos os afetos, sentimentos e assim por diante. A *harmonia* indica, em contrapartida, a escala de graduação da objetivação da Vontade no resto da natureza. Nesse sentido, a música é uma segunda realidade, que caminha em completo paralelo com a primeira, mas que, de resto, é de outra espécie e natureza e, portanto, tem com ela uma completa analogia mas, todavia, nenhuma semelhança. Porém a música *como tal* só está presente nos nossos nervos auditivos e no cérebro; fora ou *em si* (em sentido lockeano) ela consiste em puras relações de números; ou seja, segundo a sua quantidade, com relação ao tato e depois, segundo sua qualidade, em relação à gradação da escala dos sons, que repousam nas relações aritméticas das vibrações. Ou, com outras palavras: a música consiste em puras relações de números, tanto no que se refere ao seu elemento rítmico, como a seu elemento harmônico. Portanto, de acordo com isso, todo ser do mundo, seja como macrocosmo, seja como microcosmo, pode sem dúvida se exprimir por meio de meras relações de números, e assim, de uma certa maneira, ser reconduzido a elas. Nesse sentido Pitágoras teve razão ao pôr a própria essência das coisas nos números. Mas afinal o que são números? Relações de sucessão cuja possibilidade repousa no *tempo*.

---

[9] A obra principal de Schopenhauer é *Die Welt als Wille und Vorstellung* (*O mundo como vontade e representação*), cuja primeira edição foi publicada em 1816, e a segunda, chamada de *Suplementos*, em 1844. A teoria sobre a música, desenvolvida na terceira parte da obra, considera-a como a arte por excelência, já que ela é o "exercício inconsciente da metafísica". Schopenhauer estende assim o dito de Leibniz: "a música é o exercício inconciente da aritmética, em que o espírito não sabe mais que conta". Já que a música expressa a própria essência do mundo que é a vontade, por relações numéricas, ela dá razão a Pitágoras. (N.T.)

Quando se lê o que está dito sobre a filosofia dos números de Pitágoras, nos escólios a Aristóteles (p. 829, editio Berolinensis), pode-se chegar a supor que o uso raro e místico, beirando o absurdo, da palavra λόγος no início do evangelho, atribuído a João, como também os primeiros análogos dela, provêm da filosofia dos números de Pitágoras, aliás, do significado da palavra λόγος no sentido aritmético: como relação de números, *ratio* numérica. Pois uma tal relação constitui, para os pitagóricos, a essência mais íntima e indestrutível de todos os seres e é portanto seu princípio originário, sua ἀρχή; de acordo com isso, valeria para todas as coisas: Ἐν ἀρχῇ ἦν ὁ λόγος [No começo era o verbo; João I, I]. Considere-se sobre isso o que diz Aristóteles: (*De anima* I, I [p. 403 a 25 e p. 403 b 2]): Τὰ πάθη λόγοι ἔνυλοί εἰσι *et mox:* Ὁ μὲν γὰρ λόγος εἶδος τοῦ πράγματος [os afetos são relações de números; e logo depois: pois a relação de números é a forma da coisa]. Lembramos aqui do λόγος σπερματικός [força geratriz] dos estoicos, ao qual em breve retornarei.

Pitágoras, de acordo com a biografia de Jâmblico, fez sua formação principalmente no Egito, onde permaneceu dos 22 aos 56 anos, e certamente a recebeu dos sacerdotes. Tendo voltado aos 56 anos, teve a intenção de fundar um Estado sacerdotal, uma imitação das hierarquias dos templos egípcios, embora com as necessárias modificações para os gregos. Conseguiu isso não na sua terra natal, Samos, mas, de uma certa maneira, em Crotona. Ora, já que a cultura e religião egípcias provêem sem dúvida da Índia, como provam o caráter sagrado da vaca e muitas outras coisas, explica-se a partir daí a prescrição de Pitágoras de abster-se de comida animal, especificamente a proibição de abater gado (Jâmblico, *Vita Pythagorae*, cap. 28, §150), como também a recomendação de tratar bem os animais e a sua teoria da metempsicose. Também suas vestes brancas, sua eterna atitude misteriosa, que dava ocasião para as falas simbólicas e se estendia até mesmo aos teoremas matemáticos, e, além disso, a fundação de uma espécie de casta sacerdotal com disciplina rigorosa e muitos cerimoniais, a adoração do sol (cap. 35, §256) e muitas outras coisas. Recebeu também dos egípcios suas mais importantes concepções astronômicas. Por isso, a prioridade da doutrina da obliquidade da eclíptica foi contestada por Oinopides, que esteve com ele no Egito. (Veja-se sobre isso a conclusão do cap. 24 do primeiro livro das *Éclogas* de Estobeu com as notas de Heerens a partir de Diodoro, especialmente livro I, cap. 25 e s.) Mas em geral, quando se passam em revista os conceitos astronômicos elementares de todos os filósofos gregos, reunidos por Estobeu, descobre-se então que eles comumente propagaram absurdos — com a única exceção dos pitagóricos, os quais, via de regra, eram bem corretos. Não se pode duvidar de que essas não fossem invenções deles próprios, mas que vinham do Egito.

A conhecida proibição de Pitágoras de comer feijões é puramente de origem egípcia e apenas uma superstição trazida de lá, pois Heródoto relata que no Egito os feijões eram considerados impuros e detestados de um modo tal que os sacerdotes nem sequer suportavam seu aspecto.

Que, de resto, a doutrina pitagórica era um panteísmo decidido, atesta sem rodeios uma sentença dos pitagóricos que nos foi pre-servada por Clemente de Alexandria na *Cohortatio ad gentes*, cujo dialeto dórico indica a autenticidade. Ela diz: Οὐκ ἀποκρυπτέον οὐδὲ τοὺς ἀμφὶ τὸν Πυθαγόραν, οἵ φασιν· Ὁ μὲν θεὸς εἷς. χ' οὗτος δὲ οὐχ, ὥς τινες ὑπονοοῦσιν, ἐκτὸς τὰς διακοσμήσιος, ἀλλ' ἐν αὐτᾷ, ὅλος ἐν ὅλῳ τῷ κύκλῳ, ἐπίσκοπος πάσας γενέσιος, κρᾶσις τῶν ὅλων· ἀεὶ ὢν καὶ ἐργάτας τῶν αὐτοῦ δυνάμιων καὶ ἔργων ἀπάντων, ἐν οὐρανῷ φωστὴρ καὶ πάντων πατήρ, νοῦς καὶ ψύχωσις τῷ ὅλῳ κύκλῳ, πάντων κίνασις. [No entanto, não podemos ignorar os discípulos de Pitágoras quando dizem: Deus é um, mas não está, como supõem alguns, fora do universo, mas dentro dele, todo em toda a circunferência, como inspetor de todo surgimento, como penetrando tudo. Sempre sendo e como executor de todas suas forças e obras, uma luz nos céus, pai do universo, espírito e

animação de todo círculo do mundo, movimento do universo"].
Aliás, é bom nos convencermos de que o teísmo verdadeiro e
o judaísmo são conceitos conversíveis.``

Segundo Apuléio, (*Florida*, p. 130, ed. Bipontini) Pitágoras
teria ido até a Índia e recebido ensinamentos dos próprios
brâmanes. Acredito pois que a sabedoria e o conhecimento de
Pitágoras — que devem ser, sem dúvida, altamente avaliados
— não consistiam tanto naquilo que ele pensou, mas naquilo
que aprendeu; eram portanto menos próprios do que de outros;
isso é confirmado por um dito de Heráclito sobre ele (Diógenes
Laércio, *De vitis, dogmatibus et apophthegmatibus philosophorum*,
lib. 8, cap. I, par. 5).[10] Aliás, ele os teria escrito para preservá-los
do desaparecimento: em contrapartida, o que ele aprendeu dos
outros permaneceu seguro na sua fonte.

§3
Sócrates

A sabedoria de Sócrates é um artigo de fé filosófico. É
claro que o Sócrates platônico é uma figura ideal, portanto
uma personagem poética que expressa os pensamentos de
Platão. Em contrapartida, no Sócrates de Xenofonte não
se encontra exatamente muita sabedoria. Segundo Luciano
(*Philopseudes*, 24), Sócrates teria tido uma barriga grande — o
que não é um dos sinais distintivos do gênio. Igualmente no
que se refere às altas habilidades intelectuais fica-se todavia
na dúvida, como com todos aqueles que não escreveram
(portanto também com Pitágoras). Um grande espírito tem de
reconhecer pouco a pouco sua vocação e posição em face da

---

[10] De fato, no trecho mencionado da *Vida dos filósofos*, de Diógenes Laércio, este
cita Héraclito, o físico, que afirma: "Pitágoras, filho de Mnemsarco, exercitou-se
em história mais do que todos os homens e, tendo escolhido estes escritos, fez ele
próprio seu saber, sua erudição e suas habilidades que intrigam" (tradução de Mary
C.N. Lafer). (N.T.)

humanidade; consequentemente tem de chegar à consciência de que não pertence ao rebanho, mas aos pastores, quero dizer, aos educadores dos homens. A partir disso, torna-se claro o seu dever de não limitar sua atuação imediata e segura às poucas pessoas que o acaso aproxima, mas de estendê-la à humanidade, de modo que possa atingir as suas exceções — os excelentes e, portanto, raros. Porém, o órgão com o qual se fala à *humanidade* é unicamente a escrita. Oralmente, falamos apenas a um certo número de indivíduos e, por isso, o que assim é dito permanece assunto privado em relação ao gênero humano. Já que tais indivíduos são, na sua maioria, um mau solo para a nobre semente, no qual ou ela não brota ou degenera rápido no seu produto, é preciso que a própria semente tenha de ser conservada. Isso porém não acontece pela tradição, que é falseada a cada passo, mas somente por meio da escrita, única guardiã fiel dos pensamentos. Além disso, cada espírito que pensa em profundidade tem necessariamente o impulso de reter seus pensamentos e de dar-lhes a maior clareza e determinação possíveis e, consequentemente, de corporificá-los em palavras, para sua própria satisfação. Isso porém só acontece perfeitamente pela escrita. Pois, em relação à oral, a exposição escrita é essencialmente outra, porque só ela permite a mais alta precisão, concisão e brevidade pregnante, tornando-se assim o puro éctipo[11] do pensamento. Em consequência disso tudo, seria uma arrogância espantosa num pensador querer deixar sem uso a mais importante descoberta do gênero humano. Logo, é-me difícil acreditar no espírito verdadeiramente grande daqueles que não escreveram: estou muito mais inclinado a tomá-los principalmente por heróis práticos que atuaram mais pelo seu caráter do que pela sua cabeça. Os sublimes autores dos

---

[11] Éctipo é o oposto de arquétipo. Em Berkeley, arquétipo significa a existência das coisas no entendimento divino e éctipo, no entendimento humano. Kant opõe um intelecto arquétipo, o divino produtor ele próprio do objeto de seus conceitos, a um intelecto éctipo, o nosso, que pensa sobre o que lhe é dado. Ao criticar a precedência que Kant dá ao abstrato em relação ao imediatamente dado, é que Schopenhauer afirma ser a raflexão o éctipo da intuição. V. *Dicionário de filosofia Lalande*. (N.T.)

Upanixades dos Vedas escreveram, muito embora os *Sanhita* dos Vedas, que consistiam em meras orações, tivessem sido de início propagados apenas oralmente.

Entre Sócrates e Kant, podem-se indicar muitas semelhanças. Ambos recusam todo dogmatismo: ambos confessam uma completa ignorância nas coisas da metafísica e marcam sua especificidade na consciência clara dessa ignorância. Em contrapartida, ambos afirmam que o prático, aquilo que o homem tem de fazer ou deixar de fazer, é que é totalmente certo, por si mesmo e sem maiores fundamentações teóricas. Ambos tiveram o mesmo destino no fato de que seus seguidores mais próximos e seus discípulos declarados deles se desviaram justo naqueles pontos básicos e, elaborando a metafísica, estabeleceram sistemas totalmente dogmáticos. Apesar de tais sistemas serem muito diferentes, todos concordavam em afirmar que teriam partido respectivamente das doutrinas de Sócrates e de Kant. Já que eu mesmo sou kantiano, quero aqui assinalar minha relação com ele com *uma* palavra: Kant ensina que nada podemos saber além da experiência e de sua possibilidade. Admito isso, afirmando todavia que a própria experiência no seu todo é passível de uma interpretação que tentei dar, decifrando-a como um escrito, não porém como os filósofos anteriores que se incumbiram de ir além dela apenas por meio de suas formas, o que o próprio Kant mostrou ser proibido.

A vantagem do *método socrático*, como nós o apreendemos de Platão, consiste em fazermos com que o interlocutor ou opositor admita o fundamento das proposições que temos a intenção de provar, antes que ele se tenha dado conta de suas consequências. Pois, numa exposição didática, consistindo num discurso contínuo, ele teria a oportunidade de reconhecer, em contrapartida, consequências e razões, e assim as atacaria se estas não agradassem. Entretanto, faz parte das coisas que Platão também gostaria de nos impingir o fato de que os sofistas e outros tolos teriam permitido com toda tranquilidade que Sócrates provasse, pela aplicação daquele método, que eles o são. Isso é inconcebível; pelo contrário, no último quarto do caminho ou assim que eles notassem para onde os levaria, teriam arruinado seu plano engenhosamente urdido e desfeito sua trama, mudando de assunto ou negando o dito anteriormente, ou por meio de mal-entendidos propositais e de qualquer outra coisa que a improbidade sofista aplica instintivamente para tramoias e chicanas, ou por terem-se tornado tão grosseiros e ofensivos que Sócrates teria achado aconselhável pôr-se a salvo a tempo. Pois como poderia não ser conhecido também dos sofistas o meio pelo qual qualquer pessoa pode-se igualar a qualquer outra e mesmo a maior desigualdade intelectual ser instataneamente compensada? Esse meio é a ofensa. Para ela, a natureza mesquinha sente uma vocação até instintiva, assim que começa a farejar uma superioridade espiritual.

§4
Platão

Já em Platão encontramos a origem de uma dianoiologia[12] certamente falsa, a qual é estabelecida num furtivo intuito metafísico, ou seja, em função de uma psicologia racional e da imortalidade da alma que depende dela. Esta mostrou-se depois como uma doutrina enganosa de longa vida, pois prolongou sua existência ao longo da filosofia antiga, medieval e moderna, até que Kant, o "demole-tudo",[13] finalmente lhe golpeasse a cabeça. A doutrina aqui referida é o racionalismo da teoria do conhecimento com finalidade metafísica. Pode ser abreviadamente resumida assim: o que conhece é uma substância imaterial fundamentalmente diferente do corpo, que se chama alma; o corpo é, pelo contrário, um obstáculo para o conhecimento.

[12] Ciência que estuda a faculdade de pensar ou refletir; do grego *dianoia*, pensamento ou inteligência (*dia* e *nous*). (N.T.)

[13] Epíteto dado pelo filósofo Moses Mendelssohn a Kant, já que considera Kant um cético, demolidor da metafísica e das provas da existência de Deus. (N.T.)

Por isso, todo conhecimento que é mediado pelos sentidos é enganador. Em contrapartida, o único conhecimento verdadeiro, certo e seguro é aquele que é livre e afastado de toda sensibilidade (portanto de toda intuição); logo, o *pensamento puro* quer dizer tão-somente o operar com conceitos abstratos. Pois isso a *alma* o faz, só com seus próprios meios: consequentemente isso se realizará melhor, depois que a alma se separe do corpo, portanto quando estivermos mortos. De tal modo, pois, a dianoiologia está aqui comprometida com a psicologia racional em proveito da doutrina da imortalidade. Essa doutrina, como eu a resumi aqui, encontra-se exposta detalhada e claramente no *Fedon*, capítulo 10. É disposta um tanto diversamente no *Timeu*, a partir do qual Sexto Empírico a relata bem precisa e claramente com as seguintes palavras: Παλαιά τις παρὰ τοῖς φυσικοῖς κυλίεται δόξα περὶ τοῦ τὰ ὅμοια τῶν ὁμοίων εἶναι γνωριστικά. Πλάτων δὲ ἐν τῷ Τιμαίῳ πρὸς παράστασιν τοῦ ἀσώματον εἶναι τὴν ψυχὴν τῷ αὐτῷ γένει τῆς ἀποδείξεως κέχρηται. Εἰ γὰρ ἡ μὲν ὅρασις, φησί φωτὸς ἀντιλαμβανομένη εὐθύς ἐστι φωτοειδής, ἡ δὲ ἀκοὴ ἀέρα πεπληγμένον κρίνουσα, ὅπερ ἐστὶ τὴν φωνήν, εὐθὺς ἀεροειδὴς θεωρεῖται, ἡ δὲ ὄσφρησις ἀτμοὺς γνωρίζουσα πάντως ἐστὶ ἀτμοειδὴς καὶ ἡ γεῦσις χυλοὺς χυλοειδής· κατ᾽ ἀνάγκην καὶ ἡ ψυχὴ τὰς ἀσωμάτους ἰδέας λαμβάνουσα καθάπερ τὰς ἐν τοῖς ἀριθμοῖς καὶ τὰς ἐν τοῖς πέρασι τῶν σωμάτων γίνεταί τις ἀσώματος [Uma opinião antiga é corrente entre os filósofos da natureza: que o semelhante é conhecido pelo semelhante. Platão porém utiliza-se no Timeu do mesmo tipo de prova para demonstrar que a alma é incorpórea. "Pois", diz ele, "se a visão apreende a luz é porque ela é semelhante à luz, e o ouvido é semelhante ao ar porque ouve a agitação do ar, ou seja, o som; e o olfato, porque percebe os vapores, é, em cada caso, semelhante ao vapor, e o paladar é semelhante ao suco, porque saboreia os sucos; então, a alma de modo necessário tem de ser um ente incorporal porque ela conhece as Ideias incorpóreas, como por exemplo as que estão nos números e na forma dos corpos"] (*Adversos mathematicos* 7, 116 et 119).

O próprio Aristóteles faz valer esse argumento ao menos hipoteticamente, pois diz no primeiro livro do *De anima* (cap. I, pp. 403-8] que a existência separada da alma poderia ser determinada se lhe coubesse alguma manifestação na qual o corpo não tomasse parte. Esta pareceu ser, antes de tudo, o pensamento. Mas se mesmo *este* não fosse possível sem intuição e fantasia, então ele também não poderia ter lugar sem o corpo (Εἰ δ' ἐστὶ καὶ τὸ νοεῖν φαντασία τις ἠ μὴ ἄνευ φαντασίας, οὐκ ἐνδέχοιτ' ἀν οὐδὲ τοῦτο ἄνευ σώματος εἶναι). Mas Aristóteles não admite aquela mesma condição acima apresentada e portanto as premissas da argumentação no momento em que ensina aquilo que mais tarde foi formulado na frase: *Nihil est in intellectu, quod non prius fuerit in sensibus* [Nada está no intelecto que antes não estivesse nos sentidos] (Tomás de Aquino, *De veritate fidei catholicae*, questão 2, art. 3, 19) (sobre isso veja-se *De anima* 3, cap. 8, p. 432 a 2). Logo reconheceu que tudo o que é pensado pura e abstratamente emprestou, em primeiro lugar, toda sua matéria e conteúdo do intuído. Isso também intranquilizou os escolásticos. Por isso, já na Idade Média, havia empenho para se provar que existiam *puros conhecimentos racionais*, isto é, pensamentos que não tinham qualquer relação com imagens e, portanto, um pensar que retirava toda sua matéria de si mesmo. Os esforços e as controvérsias sobre esse ponto encontram-se reunidos na *De immortalitate animi* de Pomponatius, pois ele deriva daí seu argumento principal. Para satisfazer a mencionada exigência deveriam servir as *universalia* (conceitos universais) e os conhecimentos *a priori*, concebidos como *aeternae veritates*. Que desenvolvimento teve depois a questão em Descartes e sua escola, já expus na observação detalhada que acrescentei ao §6 do meu escrito premiado *Sobre o fundamento da moral*, na qual também citei as próprias palavras dignas de serem lidas do cartesiano de la Forgue.[14] Pois justo as doutrinas falsas dos filósofos é que se

---

[14] Na passagem mencionada Schopenhauer mostra que a psicologia racional, ao admitir a separação da alma e do corpo, expõe-se em Descartes de modo claro com

encontram expressas com a maior clareza por seus discípulos, já que estes não se esforçam tão bem como o Mestre para manter na maior obscuridade possível aquelas páginas de seus sistemas que poderiam trair a fraqueza dos mesmos: é que os discípulos não mostram nesse ponto nenhuma malícia. Espinosa, porém, já coloca sua doutrina em contraposição ao dualismo cartesiano, mostrando com isso grande superioridade: *Substantia cogitans et substantia extensa una eademque est substantia, quae iam sub hoc, iam sub illo attributo compreenditur* [A substância pensante e a substância extensa são uma e a mesma substância, compreendida uma vez sob este atributo, e outra vez, sob aquele]. Leibniz, em contrapartida, permaneceu astuciosamente no caminho de Descartes e da ortodoxia. Isso porém logo provocou o esforço, extremamente salutar para a filosofia, do excelente Locke. Finalmente obstinou-se na investigação da *origem dos conceitos* e fez do princípio *"no innate ideas"* [nenhuma ideia inata] o fundamento de sua filosofia, depois de tê-la provado minuciosamente. Os franceses, para os quais a filosofia de Locke foi reelaborada por Condillac, levaram esta questão longe demais, embora a partir da mesma razão, já que estabeleceram o princípio *"Penser est sentir"* [pensar é sentir] e insistiram nele. Tomado pura e simplesmente, esse princípio é falso; todavia nele está contida a verdade segundo a qual todo pensamento em parte pressupõe a sensação como ingrediente da intuição, que lhe fornece a sua matéria, em parte o próprio pensamento é condicionado, do mesmo modo que o sentir, por órgãos corporais — isto é, assim como a sensação é condicionada pelos

a distinção das duas substâncias, a pensante e a extensa. Na psicologia racional, distingue-se entre uma faculdade de conhecer e uma faculdade de querer superiores e inferiores, conforme esse conhecer e esse desejar estivessem ou não subordinados às sensações corporais, o que remete à noção de uma alma imaterial que não precisasse se valer do concurso do corpo. De la Forgue, no trecho citado do *Tractatus de mente humana*, esclarece que é a mesma vontade que é ora chamada de apetite sensível, ora de racional, sendo que o fato de serem tomados por dois apetites diferentes se apoia no conflito que pode dar-se entre o propósito mental edificado a partir das percepções da própria mente e os pensamentos sugeridos pelas disposições corporais. (Na tradução brasileira, pp. 60-2, *Sobre o fundamento da moral*, São Paulo, Martins Fontes, 1995.) (N.T.)

nervos dos sentidos, o pensamento o é pelo cérebro, e ambos são atividades nervosas. Porém, a escola francesa não se ateve a esse princípio por causa dele próprio, mas também com intuito metafísico e, por certo, materialista — do mesmo modo que os opositores platônicos, cartesianos e leibnizianos só se ativeram ao falso príncipio de que o único conhecimento correto das coisas consiste no pensamento puro, com o intuito metafísico de provar a partir daí a imaterialidade da alma. Somente Kant conduz à verdade a partir desses dois caminhos falsos e de uma disputa na qual ambos os partidos não procederam, de fato, com honestidade. Pois eles pretextam a dianoiologia, mas estão voltados para a metafísica e por isso falseiam a dianoiologia. Diz portanto Kant: há por certo um puro conhecimento de razão, quer dizer, um conhecimento *a priori* que precede toda experiência, consequentemente também um pensamento que não deve seu material a nenhum conhecimento mediado pelos sentidos; mas esse conhecimento, embora não seja tirado *da* experiência, só tem valor e vigência *em prol* da experiência: pois outra coisa não é senão a compreensão do nosso próprio *instrumento de conhecimento* e de sua disposição ou, como se expressa Kant, a *forma* da própria consciência cognoscente, que só recebe a sua *matéria* por meio do conhecimento empírico, acrescentado por meio da percepção dos sentidos e sem a qual são vazios e inúteis. Por isso mesmo sua filosofia chama-se *crítica da razão pura*. A partir disso cai toda aquela psicologia metafísica e, com ela, toda pura atividade anímica de Platão. Vemos pois que o conhecimento sem a intuição, que é mediada pelo corpo, não tem matéria e que, assim, aquele que conhece como tal, sem o pressuposto do corpo, nada é a não ser uma forma vazia. Isso sem falar que todo pensamento é uma função fisiológica do cérebro, tal como a digestão é uma função do estômago.

Se, de acordo com isso, o ensinamento de Platão de subtrair o conhecimento e purificá-lo de todo comércio com o corpo, os sentidos e a intuição resulta despropositado, pervertido e mesmo impossível, podemos todavia considerar a minha doutrina o seu análogo corrigido. Ela ensina que só o conhecimento intuitivo, purificado de todo comércio com a *Vontade*, alcança a pura objetividade e assim a perfeição — sobre isso remeto ao terceiro livro da minha obra principal.

§5
Aristóteles

Como característica fundamental de Aristóteles podemos mencionar a maior acuidade ligada à circunspecção, ao dom de observação, à versatilidade e à falta de profundidade. Sua visão de mundo é rasa, embora elaborada com acuidade. A profundidade encontra seu material dentro de nós, ao passo que a acuidade tem de recebê-lo de fora, para poder ter dados.[15] Naquela época, porém, os dados empíricos eram em parte falsos. Por isso, hoje em dia, o estudo de Aristóteles não é muito recompensador, ao passo que o de Platão assim permanece em alto grau. A falta de profundidade censurada em Aristóteles se torna mais visível na *Metafísica*, onde a mera acuidade não é tão suficiente como em outros lugares. Assim, aí é onde ele é menos satisfatório. Sua *Metafísica* é, na maior parte, um discurso de vai e vem sobre os filosofemas de seus predecessores que ele critica e contradiz a partir de seu ponto de vista, principalmente segundo ditos isolados, sem penetrar realmente no seu sentido, mais como alguém que fecha as janelas pelo lado de fora. Estabelece poucos dogmas próprios ou nenhum, que nem sequer estão conectados. É um mérito casual o fato de agradecermos à sua polêmica uma grande parte de nosso conhecimento dos filosofemas antigos. Ele é hostil a Platão justo onde este é mais oportuno. As "Ideias" deste último retornam sempre à sua boca como algo

---

[15] *Tiefsinn* [profundidade] e *Scharfsinn* [acuidade, sagacidade], distinção que data do filósofo Jacobi, que diz que a *Tiefsinn* conduz ao centro "tal como a gravidade nos corpos". (N.T.)

que ele não pode engolir: está decidido a não permitir que elas tenham validade. — A acuidade é suficiente nas ciências da experiência: por isso Aristóteles tem uma orientação empírica predominante. Porém os conhecimentos empíricos fizeram tais progressos desde a sua época, que se relacionam com seu estado de outrora como a idade adulta à infância e, assim, as ciências da experiência hoje em dia não podem ser diretamente favorecidas pelo seu estudo, mas sim indiretamente pelo método e pela atitude propriamente científica que o caracterizou e que veio ao mundo por meio dele. Todavia, na zoologia tem ainda hoje utilidade direta ao menos em certos pontos. Em geral, porém, sua orientação empírica lhe dá a propensão de estender-se nos assuntos, a partir do que ele faz digressões tão fácil e frequentemente da linha de pensamento que tomou, sendo quase incapaz de seguir uma via de pensamento em toda sua extensão e até o final; é justamente nisso, porém, que consiste o pensar *profundo*. Em contrapartida, ele descobre problemas em toda parte, porém só toca neles e passa logo para outro assunto, sem resolvê-los ou discuti-los profundamente. Por isso o seu leitor muitas vezes pensa: "agora vai acontecer", mas nada acontece. E parece, pois, quando ele levantou um problema e o perseguiu por um curto trecho, que a verdade está muitas vezes na ponta da sua língua, mas subitamente ele já está noutro assunto, deixando-nos na dúvida. Ele não se fixa, pois, em nada, mas salta daquilo que o ocupa para algo outro que lhe ocorre, como uma criança que larga um brinquedo para agarrar um outro que acabou de ver. Este é o lado fraco de seu espírito: a vivacidade da superficialidade. A partir daí esclarece-se o fato de que — embora Aristóteles fosse uma cabeça muito sistemática, já que partiu dele a separação e classificação das ciências — falte inteiramente à sua exposição a ordem sistemática e nela se perca o progresso metódico, a saber, a separação do heterogêneo e a reunião do homogêneo. Ele trata das coisas como elas lhe ocorrem, sem ter previamente refletido sobre elas e sem ter traçado um claro esquema — pensa com a pena na mão, o que é, sem dúvida, um grande alívio para o escritor, mas um grande incômodo para o leitor. Daí a falta de plano e a insuficiência de sua exposição; por isso fala cem vezes da mesma coisa, porque algo diferente veio se interpor; por isso ele não pode permanecer numa coisa, mas vai do oito ao oitenta; por isso ele conduz pelo nariz o leitor ansioso pela solução do problema levantado; por isso ele, depois de dedicar muitas páginas a alguma questão, de repente recomeça a sua investigação com as palavras: Λάβωμεν οὖν ἄλλην ἀρχὴν τῆς σκέψεως [Tomemos outro ponto de partida para as nossas considerações] e isso seis vezes num escrito; por isso o moto *Quid feret hic tanto dignum promissor hiatu?* [O que de importante promete este abrir a boca?] aplica-se a tantos exórdios e capítulos de seus livros — por isso é que ele é, para dizer *numa* palavra, tantas vezes confuso e insatisfatório. Como exceção, comportou-se por certo de modo diferente, por exemplo, nos três livros da retórica, que são, em todas suas partes, um exemplo de método científico, mostrando mesmo uma simetria arquitetônica que pode ter sido o modelo da kantiana.

O oposto radical de Aristóteles, tanto no modo de pensar, como também na exposição, é *Platão*. Este segura seus pensamentos capitais como que com mão de ferro, persegue o seu fio, mesmo que seja muito tênue, em todas as ramificações, através dos desvios dos mais longos diálogos, e o encontra de novo depois de todos os episódios. Vemos por aí que ele refletiu de modo completo e maduro sobre a sua questão antes de começar a escrever e que delineou uma ordenação artística para a sua exposição. Por isso, cada diálogo é uma obra de arte bem planejada, cujas partes completas e bem combinadas têm uma conexão que muitas vezes se deixa ocultar intencionalmente por um certo tempo e cujos inúmeros episódios reconduzem, por si mesmos e de modo muitas vezes inesperado, aos pensamentos capitais, tornados claros por meio deles. Platão sempre soube, no pleno sentido da palavra, o que ele queria e visava, embora, na maioria das vezes, não conduza os problemas a uma solução definitiva, mas se contente com uma profunda discussão deles. Assim não devemos nos surpreender muito se, como alguns relatos contam, especialmente em Aelian (*Varia historia*), uma significativa desarmonia pessoal mostrou-se entre Platão e Aristóteles; e que também aqui e acolá Platão pudesse ter dito algo depreciativo de Aristóteles, cujos rodeios, fatuidades e desvios ligados à sua polimatia[16] são bem antipáticas a Platão. O poema de Schiller *"Breite und Tiefe"*[17] pode também ser aplicado à oposição entre Platão e Aristóteles.

Apesar dessa orientação empírica da mente, Aristóteles não foi um empirista consequente e metódico. Por isso foi inevitavelmente derrubado e banido pelo verdadeiro pai do empirismo, Bacon de Verulam. Quem quiser entender direito como e em que sentido Bacon é o opositor e vencedor de Aristóteles e de seu método, que leia o livro de Aristóteles *De generatione et corruptione*. Aí encontra o raciocinar *a priori* sobre a natureza, que quer entender e esclarecer seus processos a partir de meros conceitos: um exemplo especialmente claro é dado pelo livro 2, capítulo 4, no qual se constrói uma química *a priori*. Em contrapartida, Bacon começou com o conselho de não fazer do abstrato, mas sim do intuitivo e da experiência, a

[16] Do grego *poly*, muito; *mathia*, saber. Instrução ampla e variada. (N.T.)

[17] Johann Christoph Friedrich Schiller, poeta nascido em 1759; morreu em Weimar em 1805. *Breit und Tiefe* — Es glänzen viele in der Welt/ Sie wissen von allen zu sagen,/ Und wo was reizet und wo was gefällt/ Man kann es bei ihnen erfragen,/ Man dächte, hört man sie reden laut,/ Sie hätten wirklich erobert die Braut/ Doch gehen wir aus der Welt ganz still,/ Ihr Leben war verloren,/ Wer etwas treffendes leisten will,/ Hält gern was grosses geboren,/ Der sammelt still und unerschafft/ Im kleinsten Punkte die höchste Kraft/ Der Stamm erhebt sich in die Luft/ Mit üppig prängenden Zweigen,/ Die Blätter glänzen und hauchen Duft,/ Doch können sie Früchte nicht zeugen,/ Der Kern allein im schmalen Raum/ Verbirgt den Stolz des Waldes, den Baum. *Largo e Profundo* — Muitos brilham no mundo/ Sabem falar de tudo/ E com eles podemos nos informar/ Onde algo anima e onde algo agrada/ Pensaríamos se os ouvíssemos falar alto/ que teriam por certo roubado a noiva./ Mas partem do mundo bem quietos/ Sua vida foi perdida/ Se algo grande quisesse nascer/ reuniria em silêncio e incriado/ no menor ponto, as forças mais sublimes./ O tronco eleva-se no ar/ com exuberantes e ostentosos ramos,/ As folhas brilham e exalam aroma/não podem porém dar frutos,/ Só o caroço em pequeno espaço/ oculta o orgulho da floresta, a árvore.

fonte do conhecimento da Natureza. O brilhante sucesso dele é a presente alta posição das ciências da natureza, de onde olhamos de cima, sorrindo compassivamente, esse vexame aristotélico. No aspecto mencionado, é bem digno de nota que o livro de Aristóteles agora mesmo citado permita até mesmo reconhecer bem claramente a origem da escolástica, a saber, o método astucioso e prolixo desta já nele se encontra. — Para o mesmo fim os livros do *De caelo* são utilizáveis e, por isso, merecem ser lidos. Logo os primeiros capítulos são um exemplo correto do método de querer conhecer e determinar a natureza a partir de meros conceitos, e o fracasso está à mostra. Aí, o capítulo 8 nos prova, a partir de meros conceitos e lugares-comuns, que não há mais mundos, e o capítulo 12 especula do mesmo modo sobre o curso dos astros. É um consistente sofismar a partir de meros conceitos, uma completa dialética da natureza que toma a seu cargo decidir *a priori*, a partir de certos princípios universais que devem expressar o racional e o adequado, como a natureza tem de ser e proceder. Quando vemos uma cabeça tão grandiosa e mesmo estupenda, que — apesar de tudo — é a de Aristóteles, emaranhada tão profundamente em erros desta espécie que confirmaram sua validade até alguns séculos atrás, torna-se, antes de mais nada, claro o quanto a humanidade deve a Copérnico, Kepler, Galileu, Robert Hooke e Newton. Nos capítulos 7 e 8 do segundo livro Aristóteles expõe sua totalmente absurda ordem do céu: as estrelas estão fincadas na esfera oca que gira, o sol e os planetas em outras semelhantes que estão mais próximas; o atrito no girar causa a luz e o calor, e a Terra permanece terminantemente imóvel. Isso tudo poderia ser passável se antes não tivesse havido nada melhor, mas quando ele próprio nos apresenta as ideias bastante corretas dos pitagóricos sobre a forma, a posição e o movimento da Terra para condená-las, isso tem de provocar a nossa indignação. Ela aumentará quando virmos, nas suas frequentes polêmicas contra Empédocles, Heráclito e Demócrito, como estes todos tiveram apreensões muito corretas da Natureza e também observaram melhor a experiência do que o fútil tagarela que temos diante de nós. Empédocles já tinha até mesmo falado de uma força tangencial que surge da rotação e que é contrária à gravidade (2, I e 13, e escólios p. 491). Longe de poder estimar essas coisas devidamente, Aristóteles nem por uma vez aceita as ideias daqueles antigos sobre o verdadeiro significado do alto e do baixo, mas adere nisso à opinião do vulgo que segue a aparência superficial (4, 2). Mas o importante é que suas ideias tiveram reconhecimento e divulgação, recalcando tudo o que era anterior e melhor, tendo-se tornado mais tarde o fundamento do sistema de mundo de Hiparco e depois de Ptolomeu, que a humanidade teve de arrastar até o começo do século XVI, certamente para grande vantagem das doutrinas religiosas judaico-cristãs as quais, no fundo, são incompatíveis com o sistema de mundo de Copérnico. Pois como pode haver um Deus no céu, se não existe céu? O *teísmo* levado a sério pressupõe necessariamente que se divida o mundo em *céu* e *terra*: nesta, andam os homens e, *naquele*, está sentado o Deus que a governa. Ora, se a astronomia abolir o céu, estará abolindo junto o Deus: a saber, ela expandiu tanto o mundo, que não sobrou mais lugar para o Deus. Mas um Deus pessoal — como o é inevitavelmente todo deus — que não tem nenhum *lugar*, mas que estaria em toda parte e em nenhuma, só se pode nomear, mas não imaginar, e assim nele não se pode crer. Portanto, na medida em que a astronomia for popularizada, o teísmo tem de desaparecer, por mais firmemente que esteja gravado nos homens por meio de pregações contínuas e solenes. A Igreja Católica logo reconheceu isso e consequentemente perseguiu o sistema copernicano. Por isso é muito simplório o fato de se surpreender tanto e com clamores sobre os apuros de Galileu, pois *"omnis natura vult esse conservatrix sui"* [todo ser natural esforça-se por preservar-se].[18] Quem sabe se algum conhecimento secreto ou mesmo pressentimento dessa congenialidade de Aristóteles com as doutrinas da Igreja e do perigo posto de lado por ele não

---

[18] [De acordo com Cícero: "De finibus bonorum et malorum", 5, 9, 26.]

contribuiu para a sua excessiva veneração na Idade Média?[19] Quem sabe se muitos, estimulados pela relatos de Aristóteles sobre os antigos sistemas astronômicos, secretamente não reconheceram, antes de Copérnico, as verdades que este, depois de muitos anos de hesitação e estando a ponto de separar-se deste mundo, finalmente ousou proclamar?

§6
Estoicos

Um conceito de fato belo e profundo dos estoicos é o do λόγος σπερματικός (razão geratriz), embora fossem desejáveis relatos sobre ele mais detalhados do que os que chegaram até nós (Diógenes Laércio 7, 136 — Plutarco, e *Placitis philosophorum* I, 7 — Estobeu, *Eclogae* [phisicae et ethicae] I, p. 372) É no entanto suficientemente claro que por meio desse conceito é pensado aquilo que afirma e mantém a forma idêntica nos sucessivos indivíduos de uma espécie, já que passa de um para o outro — como se fosse, portanto, o conceito da espécie corporificado na semente. Consequentemente o λόγος σπερματικός é o indestrutível no indivíduo, é aquilo que faz com que o indivíduo seja uno com a espécie, represente-a e a mantenha. É aquilo que faz com que a morte que aniquila o indivíduo não atinja a espécie, em virtude do que o indivíduo sempre torna a existir, a despeito da morte. Por isso se poderia traduzir o λόγος σπερματικός por: a fórmula mágica que invoca em todos os tempos esta forma à aparição. Seu parente próximo é o conceito da *forma substantialis* dos escolásticos, como aquele por meio do qual é pensado o princípio interno do complexo de todas as propriedades de todo ser da natureza. Seu contrário é a *matéria prima*, a matéria pura, sem qualquer forma e qualidade. A alma do homem é

---

[19] Os escritores antigos, que atribuem um verdadeiro teísmo a Aristóteles, tomam sua justificativa dos livros *De mundo*, que decididamente não são dele, o que agora é geralmente admitido (nota da edição Hayn de 1851).

justamente sua *forma substantialis*. O que distingue ambos os conceitos é que o λόγος σπερματικός só é atribuído aos seres vivos e que se reproduzem, ao passo que a *forma substantialis* também o é aos seres inorgânicos — do mesmo modo que esta última visa primeiro ao indivíduo, enquanto aquele visa diretamente à espécie. Entretanto, ambas são manifestamente afins à Ideia platônica. Encontram-se esclarecimentos sobre a *forma substantialis* em Scotus Erígena, *De divisione naturae*, liv. 3, p. 139 da edição de Oxford; em Giordano Bruno, *Della causa* [principio ed uno], diálogo 3, p. 252 e s. e, detalhadamente, nas *Disputationibus metaphysicis* de Suarez (disputatio 15, sectio I), este genuíno compêndio de toda sabedoria escolástica. É aí que se tem de procurar travar conhecimento com ela, e não no prolixo mexerico dos professores de filosofia alemães sem espírito, que são a quintessência de toda sensaboria e todo tédio.

Uma fonte capital de nosso conhecimento da ética estoica é a sua exposição minuciosa, preservada por Estobeu (*Eclogae ethicae*, lib. 2, cap. 7), na qual nos deleitamos de possuir a maioria dos extratos verbais de Zenão e Crisipo. Se é assim, no entanto, ela não é adequada para nos dar uma alta opinião do espírito destes filósofos: ela é, pelo contrário, uma exposição pedante, escolar, extremamente prolixa, inacreditavelmente insossa, banal e sem espírito da moral estoica, sem força e vida, sem pensamentos valiosos, precisos e sutis. Tudo ali é derivado de meros conceitos e nada extraído da realidade e da experiência. De acordo com ela a humanidade divide-se em σπουδαῖοι e φαῦλοι, virtuosos e viciosos, e sendo tudo de bom atribuído àqueles e tudo de ruim a estes, saindo assim tudo em preto e branco, como uma guarita prussiana. Por isso esses exercícios escolares banais não suportam nenhuma comparação com os escritos enérgicos, espirituosos e refletidos de Sêneca.

As *Dissertações* de Arrian sobre a filosofia de Epiteto, reunidas mais ou menos quatrocentos anos depois do nascimento da Stoa,[20]

---

[20] Escola filosófica fundada em Atenas, no ano 300 a.C. por Zenão de Cício, assim nomeada de acordo com o lugar de reunião, *Stoa*, que quer dizer "Pórtico".

também não nos dão uma elucidação profunda sobre o verdadeiro espírito e os princípios próprios da *moral estoica*. Pelo contrário, esse livro é insatisfatório na forma e no conteúdo. Em primeiro lugar, no que se refere à forma, perde-se todo traço de método, de tratamento sistemático e mesmo de progresso ordenado. Em capítulos, enfileirados sem conexão ou ordem, é repetido incansavelmente que temos de considerar como não sendo nada tudo o que não é expressão de nossa própria vontade, que temos de olhar com desinteresse tudo aquilo que em geral preocupa os homens — sendo esta a $\dot{\alpha}\tau\alpha\rho\alpha\xi\acute{\iota}\alpha$ estoica [serenidade, tranquilidade]. A saber, o que não é $\dot{\epsilon}\phi$' $\dot{\eta}\mu\hat{\iota}\nu$ [a partir de nós] não seria também $\pi\rho\grave{o}\varsigma$ $\dot{\eta}\mu\hat{\alpha}\varsigma$ [concernente a nós]. Esse paradoxo colossal não é porém deduzido de quaisquer princípios, mas a mais estranha convicção do mundo é exigida de nós, sem que se dê para ela uma razão. Ao invés desta, encontramos intermináveis declamações em expressões e locuções que se repetem incansavelmente. Pois os corolários dessa máxima estranha são expostos do modo mais detalhado e vivo e é assim descrito de muitas maneiras como o estoico faz algo a partir de nada. Enquanto isso, qualquer outro que pense diferentemente é insultado de escravo e idiota. É porém em vão que esperamos a menção de qualquer razão clara e plausível para a admissão daquele estranho modo de pensar, pois ela seria muito mais efetiva do que todas as declamações e todos os insultos daquele livro grosso inteiro. Assim, pois, esse livro — com suas descrições hiperbólicas da equanimidade estoica, seus elogios incansavelmente repetidos dos sagrados padroeiros: Cleanto, Crisipo, Zenão, Crates, Diógenes, Sócrates, e seus insultos a todos aqueles que pensam diferentemente — é um verdadeiro sermão de capuchinho. Tudo isso está de acordo, por certo, com a falta de plano e a vacilação de toda a exposição. O que um título de um capítulo declara é só o objeto do seu começo; na primeira ocasião muda-se de assunto e depois, de acordo com o *nexus idearum* (associação de ideias), vai-se de um extremo a outro. Tudo isso no que se refere à *forma*.

Agora, no que se refere ao *conteúdo* — deixando de lado o fato de que falta o fundamento —, esse livro não é, de modo nenhum, genuína e puramente estoico, mas apresenta uma forte e estranha mistura que tem o sabor de uma fonte judaico-cristã. A inegável prova disso é o teísmo que se encontra em toda parte e é o suporte da moral: os cínicos e os estoicos agem aqui sob o comando de Deus, cuja vontade é o seu fio de prumo, sujeitam-se a ele, confiam nele, e assim por diante. Tudo isso soa estranho à genuína e original Stoa: lá, o Deus e o mundo são um e não se conhece absolutamente um Deus que seja uma pessoa que pense, queira, comande e providencie. Todavia não é só em Arrian, mas na maior parte dos autores filosóficos pagãos do primeiro século cristão, que já vislumbramos o teísmo judaico que logo deveria transformar-se no credo popular do cristianismo, do mesmo modo como hoje em dia vislumbramos nos escritos dos eruditos o panteísmo nativo da Índia, que também só depois estava destinado a passar para o credo popular. *Ex oriente lux* [a luz vem do Oriente].

Pelas razões dadas, também a própria moral aqui exposta não é puramente estoica. E até mesmo muitos de seus preceitos não podem ser unificados, porque certamente não dá para estabelecer um princípio fundamental comum a eles. Do mesmo modo também o cinismo foi totalmente falseado pela doutrina de que o cínico devesse ser cínico principalmente por causa dos outros, ou seja, para atuar sobre os outros pelo seu exemplo, como um mensageiro de Deus, e para guiá-los, imiscuindo-se nos seus assuntos. Por isso se diz: "Numa cidade só de sábios nenhum cínico seria necessário"; igualmente, ele deveria ser saudável, forte e puro para não repelir as famílias. Como isso está longe da auto-suficiência dos antigos e genuínos cínicos! Certamente Diógenes e Crates foram amigos e conselheiros de várias famílias — o que porém era secundário e acidental, e de nenhum modo a finalidade do cinismo.

Portanto, os pensamentos fundamentais próprios ao cinismo, como a ética estoica, ficaram totalmente perdidos para Arrian, e ele parece até mesmo nunca ter sentido falta deles. Ele prega a auto-renúncia só porque ela lhe agrada, e ela lhe agrada talvez só porque, embora seja difícil e contra a natureza humana, sua prédica é, no entanto, fácil. Não procurou as razões da auto-renúncia: por isso acreditamos escutar ora um asceta cristão, ora novamente um estoico. Pois, por certo, as máximas de ambos se encontram frequentemente, mas os princípios nos quais se apoiam são completamente diferentes. Para essa questão remeto à minha obra principal, volume I, parágrafo 16, e volume II, capítulo 16 — onde, e decerto pela primeira vez, o verdadeiro espírito do cinismo e da Stoa é exposto em profundidade.[21]

A inconsequência de Arrian aparece até mesmo de um modo ridículo quando ele, na descrição repetida inúmeras vezes de um perfeito estoico, sempre diz: "ele não condena ninguém, não se queixa nem dos deuses, nem dos homens, não repreende ninguém" — porém, o seu livro é na maior parte composto num tom de censura que muitas vezes chega ao insulto.

Apesar disso, encontram-se no livro, aqui e acolá, genuínos pensamentos estoicos, que Arrian (ou Epiteto) tirou dos antigos estoicos. Também o cinismo é descrito precisa e vividamente em algumas de suas particularidades. Além disso, em certos lugares, há muito bom senso, como também descrições precisas, tiradas da vida, dos homens e de suas ações. O estilo é fácil e fluente, mas muito prolixo.

Não creio que o *Enchiridion* de Epiteto tenha sido composto por Arrian, como nos assegura Friedrich August Wolf em suas aulas.[22] Esse tem mais espírito em menos palavras do que as

---

[21] Tradução portuguesa, v. 1, pp. 115 e s. *O Mundo como vontade e representação*, Porto, Rés Editora. Schopenhauer discute o estoicismo no livro I do *Mundo* que trata da representação, ao visar à razão e ao seu alcance na direção das ações humanas, introduzindo assim a questão da razão prática e da moral em Kant. O capítulo 16 do v. II do *Mundo* é uma retomada da questão da razão como fonte da moralidade. (N.T.)

[22] Friedrich August Wolf (1759-1824), professor de filologia clássica na Universidade de Halle e posteriormente em Berlim. Sua obra *Prolegomena ad Homerum* colocou a questão da autoria dos poemas homéricos, especialmente a composição da Ilíada, tendo sido iniciador da filologia crítica a partir das pesquisa sobre a obra de Homero

Dissertações e tem, no geral, bom senso, nenhuma declamação vazia, nenhuma ostentação, é concludente e preciso, sendo escrito num tom de um amigo bem intencionado que dá conselhos; as *Dissertações*, em contrapartida, falam na sua maior parte num tom repreensivo e acusador. O conteúdo dos dois livros é no geral o mesmo, só que o *Enchiridion* tem muito menos teísmo que as *Dissertações*. — Talvez o *Enchiridion* fosse o próprio compêndio de Epiteto, que ele teria ditado aos seus ouvintes; as *Dissertações*, porém, seriam as notas tomadas por Arrian dos seus discursos livres que comentam aquela obra.

§7
Neoplatônicos

A leitura dos neoplatônicos exige muita paciência, porque falta a todos forma e desembaraço na exposição. Neste aspecto, porém, Porfírio é de longe melhor do que os outros: é o único que escreve clara e coerentemente, de modo que o lemos sem má vontade.

Em contrapartida, Jâmblico,[23] em seu livro *De mysteriis Aegyptiorum*, é o pior. Está cheio de superstição crassa e de demonologia tosca e é, além disso, obstinado. É verdade que ele tem uma outra visão, como que esotérica, da magia e teurgia,[24] mas suas conclusões sobre elas são apenas superficiais e insignificantes. Ele é, no todo, um escriba ruim e desagradável, limitado, empolado, grosseiramente supersticioso, confuso e

e sua origem. Ligado a Goethe, Schiller e Humboldt, fundou a ciência da Antiguidade no sentido do novo Humanismo. (N.T.)

[23] Jâmblico fundou o ramo sírio do neoplatonismo. Seus mestres eram Porfírio e seu aluno Anatólio. Sua filosofia unia intuições orientais com doutrinas gregas, especialmente o platonismo, contendo ainda elementos do pitagorismo, com os quais Jâmblico procurava combater o cristianismo. (N.T.)

[24] Do grego *theourgia*, "obra divina", a arte de evocar, por meio da magia, deuses e espíritos para que nos atendam. No neoplatonismo, arte de fazer descer Deus à alma para criar um estado de êxtase. (N.T.)

pouco claro. Vemos claramente que o que ele ensina não surgiu de modo nenhum da sua reflexão, mas que são dogmas alheios, muitas vezes apenas compreendidos pela metade, afirmados porém com obstinação. Por isso está cheio de contradições. Mas agora se diz que o livro citado não é de Jâmblico, e eu gostaria de concordar com essa opinião quando leio os longos trechos de suas obras perdidas, que nos foram preservadas por Estobeu, como sendo incomparavelmente melhores do que o livro *De mysteriis* e que contêm de fato muitas boas ideias da escola neoplatônica.

Proclo é também um tagarela superficial, prolixo e insípido. O seu comentário do *Alcebíades* de Platão — um dos piores diálogos platônicos, que também pode não ser autêntico — é o palavrório mais prolixo e verborrágico do mundo. Fala-se infindavelmente sobre tudo, até sobre a mais insignificante palavra de Platão, procurando-se nela um sentido profundo. O que Platão disse em sentido mítico e alegórico é tomado em sentido próprio e estritamente dogmático, e tudo é deturpado em superstição e teosofia. No entanto, não se pode negar que na primeira metade daquele comentário podem ser encontradas algumas ideias boas, que poderiam, porém, pertencer mais à escola do que a Proclo. Uma proposição de suma importância é a que conclui o *fasciculum primum partis primae* [o primeiro fascículo da primeira parte]: Αἱ τῶν ψυχῶν ἐφέσεις τὰ μέγιστα συντελοῦσι πρὸς τοὺς βίους καὶ οὐ πλαττομένοις ἔξωθεν ἐοίκαμεν, ἀλλ᾽ ἐφ᾽ ἑαυτῶν προβάλλομεν τὰς αἱρέσεις, καθ᾽ ἃς διαζῶμεν (*Animorum appetitus [ante Hanc vitae concepti] plurimam vim habent in vitas eligendas, nec extrinsecus fictis similes sumus, sed nostra sponte facimus eleciones, secundum quas deinde transigimus*) [os impulsos da alma (antes do seu nascimento) contribuem na maior parte para a eleição da vida e não temos a aparência de termos sido feitos de fora, mas nós mesmos fazemos as escolhas segundo as quais vivemos por nossa vontade]. Isso tem certamente sua origem em Platão, porém aproxima-se da doutrina do caráter inteligível de Kant e paira bem acima das doutrinas rasas e limitadas da liberdade da vontade individual, que, de cada vez, pode fazer uma coisa ou outra e com a qual os nossos professores de filosofia, tendo sempre o catecismo diante dos olhos, arrastam-se até os dias de hoje. Agostinho e Lutero, de sua parte, acharam uma saída por meio da predestinação. Isso era bom em tempos submissos a Deus e em que se estava pronto a ir para o diabo em nome de Deus, se Deus assim quisesse. Porém, no nosso tempo só podemos encontrar proteção na aseidade[25] da vontade e temos de reconhecer, como Proclo, que οὐ πλαττομένοις ἔξωθεν ἐοίκαμεν [não temos a aparência de termos sido feitos de fora].

Finalmente Plotino, o mais importante de todos, é muito desigual, e as *Enéadas* são, cada uma, de valor e conteúdo extremamente diferente: a quarta é excelente. Sua exposição e seu estilo são todavia, na maior parte, ruins. Seus pensamentos não são organizados, nem previamente refletidos, mas ele escreveu a torto e a direito, como lhe aprazia. Porfírio, na sua biografia, conta a maneira negligente e desleixada na qual Plotino se punha a trabalhar. Por isso sua prolixa e tediosa verborragia e confusão fazem muitas vezes perder toda a paciência, e admiramo-nos de como esse caos pode ter chegado até a posteridade. Muitas vezes, tem o estilo de um pregador e, do mesmo modo como este apresenta o evangelho, banalizando-o, assim também apresenta as doutrinas de Platão. O que Platão disse miticamente ou semi-metaforicamente, ele degrada numa seriedade expressamente prosaica e rumina durante horas o mesmo pensamento, sem acrescentar algo por seus próprios recursos. Procede nisso revelando e não demonstrando; fala, portanto, geralmente *ex tripode* [a partir do tripé (da Pítia)] e conta coisas como pensa

---

[25] O ser-em-si e por-si e a partir de si; na escolástica, a propriedade fundamental de Deus, que não se fundava em um outro, mas em si mesmo (o Absoluto); a incondicionalidade e independência de Deus, mas também da substância (em Espinosa), da Vontade (em Schopenhauer) e do Inconsciente (em Hartmann). Vem da palavra *aseitas,* criada por Duns Scotus a partir do latim *a se,* "a partir de si", à diferença do *ens ab alio,* ser a partir de um outro (Meinert, *Wörterbuch der philosophischen Begriffe*). (N.T.)

com seus botões, sem empenhar-se em fundamentá-las. E, no entanto, encontram-se nele grandes, importantes e profundas verdades, que também, por certo, compreendeu, pois não era em absoluto desprovido de inteligência, merecendo assim ser lido inteiramente, recompensando regiamente a paciência exigida para tanto.

A explicação para essas qualidades contraditórias de Plotino encontro no fato de que ele e os neoplatônicos em geral não são propriamente filósofos, não são pensadores originais. O que eles expõem é, porém, uma doutrina alheia que foi passada para eles, embora bem mastigada e assimilada. É, aliás, a sabedoria indo-egípcia que eles quiseram incorporar à filosofia grega, usando para isso, como membro de ligação adequado ou meio de transmissão ou *menstruum*,[26] a filosofia platônica, especialmente aquelas partes que tendem para o místico. Toda a doutrina do tudo-em-um de Plotino, como a encontramos admiravelmente exposta na quarta Enéada, testemunha em primeiro lugar e inegavelmente a origem hindu, através do Egito, do dogma neoplatônico. Logo o seu primeiro capítulo do livro primeiro Περὶ οὐσίας ψυχῆς ["Sobre a essência da alma"] dá muito resumidamente a doutrina fundamental de toda sua filosofia, de uma ψυχή [alma] que era originalmente uma e que só se cindiu em muitas por meio do mundo dos corpos. Especialmente interessante é o livro oito dessa Enéada, que expõe como aquela ψυχή chegou a tal estado de multiplicidade por meio de uma tendência pecaminosa. Consequentemente, ela carrega depois uma culpa dupla: primeiro, a de ter descido a este mundo e, segundo, os seus pecados nele. A primeira ela expia pela existência temporal, e a segunda, que é a menor, por meio da metempsicose (capítulo 5). Obviamente a mesma ideia da doutrina cristã do pecado original e do pecado individual. Mas o que mais merece ser lido é o livro nono, em que, no capítulo 3, chamado Εἰ πᾶσαι αἱ ψυχαὶ μία ["Se todas as almas são uma"], explicam-se, a partir da unidade daquele mundo

---

[26] Líquido usado para a dissolução ou extração de substâncias químicas. (N.T.)

das almas, entre outras coisas, as maravilhas do magnetismo animal e especialmente o fenômeno, que encontramos ainda hoje, do sonâmbulo escutar a grande distância uma palavra dita baixinho — o que, é claro, tem de ser mediado por uma cadeia de pessoas que estão em relação com ele. Foi também em Plotino que surgiu, provavelmente pela primeira vez na filosofia ocidental, o *idealismo*, que, de há muito, já era corrente no Oriente. Pois ensina-se (*Enéadas*, 3, livro 7, capítulo 1) que a alma fez o mundo por ter entrado no tempo a partir da eternidade; isso é feito a partir da seguinte explicação: οὐ γάρ τις αὐτοῦ τοῦδε τοῦ παντὸς τόπος ἡ ψυχή (*neque est alter huius universi locus, quam anima*) [pois não há outro lugar para o universo a não ser a alma], mesmo a idealidade do tempo já está expressa nas palavras: Δεῖ δὲ οὐκ ἔξωθεν τῆς ψυχῆς λαμβάνειν τὸν χρόνον ὥσπερ οὐδὲ τὸν αἰῶνα ἐκεῖ ἔξω τοῦ ὄντος (*Oportet autem nequaquam extra animam tempus accipere*) [Não se pode admitir o tempo fora da alma, como também a eternidade do além fora do que é]. Aquele ἐκει (além) é o oposto do ἐνθάδε (aquém) e um conceito que lhe é muito corrente e que ele explica melhor por meio do κόσμος νοητός e κόσμος αἰσθητός (*mundo intelligibilis et sensibilis*) [mundo inteligível e sensível] e também por meio do τὰ ἄνω καὶ τὰ κάτω [lá em cima e aqui em baixo]. A idealidade do tempo recebe ainda explicações muito boas nos capítulos 11 e 12. Liga-se a elas o belo esclarecimento de que nós, em nossa situação temporal, não somos o que devemos e desejamos ser e, por isso, sempre esperamos do futuro o melhor e aguardamos o preenchimento de nossas lacunas, a partir do que surge o futuro e a sua condição, o tempo (capítulos 2 e 3). Mais uma prova da origem hindu nos é dada pela doutrina da metempsicose exposta por Jâmblico (*De mysteriis*, sectio 4, capítulos 4 e 5), como também pela doutrina da liberação final e redenção dos vínculos do nascimento e da morte: ψυχῆς κάθαρσις καὶ τελείωσις καὶ ἡ ἀπὸ τῆς γενέσεως ἀπαλλαγή [a purificação e perfeição da alma e a liberação do devir], e (capítulo12): Τὸ ἐν ταῖς θυσίαις πῦρ ἡμᾶς ἀπολύει τῶν τῆς γενέσεως δεσμῶν [o fogo do sacrifício nos liberta das algemas do devir] — pkrtanto aquela promessa, que é exposta em todos os livros de religião hindu e que é chamada em inglês de *final emancipation*, ou redenção. Acrescenta-se a isso, finalmente, (a.a.O. sectio 7, capítulo 2), o relato de um símbolo egípcio que mostra um deus criador sentado num lótus: é obviamente o Brama criador, sentado na flor de lótus, que brota do umbigo de Vishnu, tal como ele é frequentemente representado (por exemplo, em Langlès, *Monuments de L'Hindustan*, v. I, ad p. 175; em Colemann, *Mythology of the Hindus*, tab. 5 e outros mais). Esse símbolo é muito importante como prova segura da origem hindustani da religião egípcia, do mesmo modo que também o é, no mesmo aspecto, o relato dado no *De abstinentia* de Porfírio (livro 2), de que, no Egito, a vaca era sagrada e não podia ser abatida. Até mesmo a circunstância, contada por Porfírio na sua vida de Plotino — de que este, depois de ter sido por muitos anos aluno de Ammonios Saccus, quis ir para a Pérsia e para a Índia com o exército de Gordian, o que não deu certo por causa da derrota e da morte de Gordian[27] —, aponta para o fato de que a doutrina de Ammonios tinha origem hindu e de que Plotino tinha a intenção de hauri-la mais puramente na sua fonte. O mesmo Porfírio deixou uma detalhada teoria da metempsicose com um sentido totalmente hindu, embora adornada com a psicologia platônica: ela está nas *Éclogas* de Estobeu (lib. I, cap. 52, par. 54).

---

[27] Marcus Antonius Gordianus II tombou, no ano de 238, diante de Cartago na batalha contra Capelianus; no entanto, foi Marcus Antonius Giordanus III que, em 242, atacou os persas, sem dúvida tendo sido depois, em 244, assassinado pelo prefeito da guarda Philippus, o árabe. (N.T.)

§8
Gnósticos

As *filosofias cabalística* e a *gnóstica*, com cujos fundadores, cristãos e judeus, o monoteísmo primeiro se firmou, são tentativas de suprimir a contradição gritante entre a criação de um mundo por um ser todo-poderoso, infinitamente bom e onisciente, e a índole triste e carente desse mesmo mundo. Elas introduzem, portanto, entre o mundo e a causa do mundo, uma fileira de seres intermediários cuja culpa provocou uma queda, só por meio da qual teria surgido o mundo. Transferem, pois, a culpa do soberano para o ministro. Esse procedimento já era certamente indicado pelo mito do pecado original, que é o ponto culminante do judaísmo. Ora, aqueles seres são nos gnósticos os πλήρωμα,[28] os Eões, a ὕλη,[29] o demiurgo, e assim por diante. A série foi alongada à discrição de cada gnóstico.

Todo esse procedimento é análogo àquele em que os filósofos fisiológicos buscaram interpor seres intermediários como, fluido nervoso, éter nervoso, espíritos vitais e outros semelhantes, para diminuir a contradição que traz consigo a admissão de uma conexão e ação recíproca entre uma substância material e uma imaterial. Ambos encobrem o que não podem suprimir.

§9
Scotus Erígena

Esse homem digno de admiração oferece-nos o interessante espetáculo da luta entre a verdade que ele próprio reconheceu e intuiu e os dogmas locais, fixados por inoculação prematura e não-sujeitos a nenhuma dúvida ou, pelo menos, a ataques

---

[28] Multidão, ou melhor, abundância de seres espirituais, os eões (do grego *aions*, seres eternos). (N.T.)

[29] Propriamente o conteúdo, a matéria, à qual os espíritos dos eões se opõem; o demiurgo envia aos espíritos da Hile o Messias Jesus que é apenas psíquico.

diretos, ao lado do esforço que partiu de uma natureza nobre para reconduzir a uma harmonia a dissonância assim surgida. Isso, é claro, só pode acontecer girando, torcendo e, se necessário, retorcendo os dogmas, até que eles, *nolentes volentes* [querendo ou não], conformem-se à verdade que ele reconheceu por si mesmo. Esta permanece o princípio dominante, sendo forçada todavia a se apresentar numa estranha e até mesmo incômoda roupagem. Erígena sabe seguir esse método sempre com felicidade na sua grande obra *De divisione naturae*, até que, por fim, tenta acertar as contas com a origem do mal e do pecado junto com as ameaçadas torturas do inferno: aqui seu método naufraga e, aliás, no otimismo, que é uma consequência do monoteísmo judaico. Ele ensina, no livro quinto, a volta de todas as coisas para Deus e a unidade e a indivisibilidade metafísicas de toda a humanidade e mesmo de toda natureza. Perguntamos agora: — Onde fica o pecado? Ele não pode estar em Deus. — Onde está o inferno com seu tormento infinito, tal como foi prometido? — Quem deve ir para o inferno? A humanidade já foi redimida e na sua totalidade. — Aqui o dogma fica inexpugnável. Erígena se enrosca lastimavelmente em longos sofismas que acabam em meras palavras, sendo forçado finalmente a contradições e absurdos, sobretudo quando inevitavelmente entra a questão da origem do pecado. Este, porém, não pode estar em Deus ou na vontade criada por ele, porque senão Deus seria o autor do pecado — coisa que ele, aliás, compreende perfeitamente (p. 287 da editio princeps de Oxford de 1681. Ele é então levado a absurdos, já que o pecado não deve ter nem uma origem, nem sujeito: "*Malum incausale est, (...) penitus incausale et insubistantiale est*" [O mal é sem causa, (...) ele é profundamente sem causa e sem substância]. A razão mais profunda desse obstáculo é que a doutrina da redenção da humanidade e do mundo, que manifestamente é de origem hindu, também pressupõe a doutrina hindu, segundo a qual a origem do mundo (o Samsara dos budistas) já é ela própria a do mal, uma ação pecadora de Brama — Brama esse que de novo nós próprios somos, já que a mitologia hindu é inteiramente transparente. No cristianismo, em contrapartida, a doutrina da redenção do mundo teve de ser enxertada no teísmo judaico, no qual o Senhor não só fez o mundo, mas também, depois, achou-o excelente: Πάντα καλὰ λίαν [tudo era muito belo] e *"Hinc illae lacrimae"* [por isso aquelas lágrimas — Terêncio, *Andria* I, I, 99] —; a partir daí, cresceram as dificuldades que Erígena reconheceu perfeitamente, embora, na sua época, não pudesse ousar atacar o mal pela raiz. Entretanto, é de uma suavidade hindustani. Recusa a eterna condenação e o castigo postos pelo cristianismo. Toda criatura racional, animal, vegetal e inanimada, de acordo com sua essência interna, tem de alcançar a eterna beatitude, ao longo do curso necessário da natureza, pois ela veio do Bem eterno. Mas a completa unificação com Deus (*deificatio*) é só para os santos e justos. De resto, Erígena é honesto o bastante para não esconder o grande embaraço em que a origem do mal o coloca; ele a expõe claramente nas passagens mencionadas do livro quinto. De fato, a origem do mal é o recife no qual naufraga tanto o panteísmo quanto o teísmo, pois ambos implicam o otimismo. Ora, no entanto, o mal e o pecado, ambos na sua assustadora grandeza, não podem ser negados e, mesmo, as ameaças de punição para o último só aumentarão o primeiro. De onde, porém, vem tudo isso num mundo que ou é o próprio Deus ou a obra bem-intencionada de um Deus? Se o opositor teísta do panteísmo gritar "O quê? Todos os seres maus, terríveis e repulsivos devem ser deus?", os panteístas podem responder: "Como assim? Um deus deve ter criado com *gaieté de coeur* [alegria de coração] todos os seres maus, terríveis e repulsivos?". Na mesma dificuldade encontramos Erígena ainda em outra de suas obras que chegaram até nós — o livro *De praedestinatione*, que é, todavia, bem inferior ao *De divisione naturae*, pois que ele aparece não só como filósofo, mas também como teólogo. Também aqui ele se atormenta l!mentave,mente com aquelas contradições que têm sua razão última no fato de que o cristianismo está enxertado ao judaísmo. Seus esforços apenas colocam essas contradições em uma luz ainda mais clara. O deus deve ter &eito tudo, tudo e tudo na totalidade — isso está estabelecido — "consequentemente também o mal e o bem". Essa consequência inevitável tem de ser removida, e Erígena vê-se obrigado a proferir uma miserável logomaquia.[30] Mal e bem não devem, pois, *ser*, portanto não devem ser nada. — E também o diabo! — Ou então a *vontade livre* teria que ser culpada, pois foi criada por Deus, mas criada *livre*, por isso não lhe concerne o que decida fazer depois, já que era mesmo *livre*, quer dizer, poderia ser isto ou outra coisa, tanto ser boa como ser má. — Bravo! — Porém a verdade é que ser livre e ser criada são duas propriedades que se suprimem e que são portanto contraditórias. Por isso afirmar que Deus criou os seres e lhes concedeu, ao mesmo tempo, liberdade de vontade é o mesmo que dizer que ele os criou e, ao mesmo tempo, não os criou. Pois "*operari sequitur esse*" [a ação segue o ser], isto é, os efeitos e as ações de cada coisa possível não poderiam nunca ser outra coisa senão a consequência de sua natureza, a qual só é conhecida por meio dessas ações. Por isso, para que um ser fosse livre, no sentido aqui requerido, não poderia ter que ter nenhuma natureza, quer dizer, teria de ser *nada*, e portanto ser e não ser ao mesmo tempo. Pois o que *é* tem também de ser *algo*: uma existência sem essência não pode nem ser pensada. Ora, se um ser é *criado*, então tem de ser criado como é *feito*[31] e ele é mal *criado* se é mal *feito*, e mal *feito* se age mal, isto é, produz maus efeitos. Consequentemente a *culpa* do mundo, bem como seu *mal*, já que ambos não podem ser negados, recaem sempre sobre seu criador. Assim é que, para livrá-lo dela, esforça-se aqui penosamente Scotus Erígena, do mesmo modo que, antes, o fez Agostinho.

---

[30] Do grego λογομαχία (*logomakhia*), combate de palavras, disputa; discussão na qual os interlocutores empregam as mesmas palavras em sentidos diferentes (*Dicionário de filosofia Lalande*). (N.T.)

[31] Jogo de palavras entre *schaffen*, que quer dizer *criar*, e *beschaffen*, fazer de um certo modo.

Em contrapartida, se um ser deve ser moralmente *livre,* então não pode ser criado, mas tem de ter aseidade,[32] quer dizer, ser originariamente existente a partir de sua força e de sua potência perfeita, não podendo remeter-se a um outro. Assim sua existência é seu próprio ato criador que se desdobra e se estende no tempo, revelando uma natureza[33] acabada desse ser de uma vez por todas, que todavia é sua própria obra e de cuja manifestação completa ele é também responsável. No entanto, se um ser é *responsável* por seus atos, ele também deve ser *capaz de dar conta* deles; e assim tem de ser *livre.* Portanto, a partir da responsabilidade e imputabilidade que são afirmadas pela nossa consciência, conclui-se seguramente que a vontade é livre; mas, conclui-se também, a partir daí, que a vontade é o originário, e que, portanto, não só o agir, mas também a existência e o ser do homem são obras dela. Sobre tudo isso remeto à minha dissertação "Sobre a liberdade da Vontade", em que encontramos essa questão discutida detalhada e irrefutavelmente [tomo 3, pp. 481-627]. (Por isso mesmo a filosofia de professores tentou segregar este escrito premiado por meio de um silêncio inviolável.) A culpa do pecado e do mal sempre passam da natureza para seu autor. Ora, se este for a vontade que se manifesta em todos os seus fenômenos, então essa culpa encontrou a pessoa certa. Mas, se tiver de ser um Deus, a autoria do pecado e do mal cairia em contradição com sua divindade.

Lendo Dionísio, o Areopagita, a quem Erígena se refere tão frequentemente, descobri que o primeiro foi, de fato, o modelo deste último. Tanto o panteísmo de Erígena, como sua teoria da perversidade e do mal, encontram-se, nos seus traços principais, já em Dionísio. Certamente, porém, neste está apenas indicado aquilo que Erígena desenvolveu, expressou com audácia e expôs brilhantemente. Erígena tem infinitamente mais espírito que

---

[32] Ver nota 26.

[33] Traduzimos aqui por "natureza" a palavra alemã *Beschaffenheit*, ligada ao verbo *beschaffen*, cujo sentido é fazer de um certo modo. Ver nota 31. Caberia também, no caso, a palavra "feitio".

Dionísio: Dionísio lhe deu apenas a matéria e a direção das observações e preparou-lhe o trabalho eficazmente. Não vem ao caso o fato de Dionísio não ser autêntico; é indiferente como se chamava o organizador do livro *De divinis nominibus*. Mas, como ele provavelmente viveu na Alexandria, creio que foi, de um outro modo desconhecido para nós, o canal através do qual uma gotícula de sabedoria hindu pode ter chegado até Erígena. Pois, como Colebrooke observou, no seu ensaio "Sobre a filosofia dos Hindus" (in *Miscellaneous Essays*, v. I, p. 244), encontra-se, em Erígena, a proposição III do Karika de Kapila.[34]

§10

A escolástica

Gostaria de estabelecer como caráter distintivo da escolástica o fato de que, para ela, o supremo critério de verdade é a Sagrada Escritura, para a qual podemos portanto sempre apelar de cada conclusão racional. Faz parte de sua especificidade que sua exposição tenha um caráter inteiramente polêmico. Cada investigação transforma-se logo numa controvérsia, cujos prós e contras engendram novos prós e contras, e com isso lhe dão a matéria que, de outro modo, logo ia faltar. Porém, a raiz oculta e última dessa especificidade está no antagonismo entre a razão e a revelação.

A justificativa recíproca do *realismo* e do *nominalismo* e, com isso, a possibilidade da disputa tão longa e tenaz entre ambos podem tornar-se bem compreensíveis da seguinte maneira: Chamo de *vermelhas* as coisas as mais diferentes quando elas têm essa cor. Manifestamente o *vermelho* é um mero nome, por meio do qual designo tal fenômeno, não importa onde apareça. Do mesmo modo todos os conceitos gerais são meros nomes

---

[34] Karika são meios de memorização que expressam por escrito pensamentos individuais numa forma abreviada. Kapila era era o fundador do sistema Sankhia, que foi desenvolvido logo após a morte de Buda.

para designar propriedades que aparecem em coisas diversas. Essas coisas, em contrapartida, são o efetivo e o real. Portanto tal nominalismo tem obviamente razão.

Quando, em contrapartida, observamos que todas as coisas reais, somente às quais foi atribuída realidade, são temporais e consequentemente logo passam, enquanto as propriedades como vermelho, duro, mole, vivo, planta, cavalo, homem, que são aquilo que tais nomes indicam, perduram tranquilamente e, em consequência, existem por todo tempo, achamos que tais propriedades, que são pensadas por conceitos gerais e cuja designação são aqueles nomes, têm muito mais realidade por força de sua existência indestrutível. Assim, a realidade deve ser atribuída aos *conceitos* e não aos indivíduos e, portanto, o *realismo* tem razão.

O nominalismo conduz propriamente ao materialismo — pois, após a supressão do conjunto das propriedades, no fim só resta a matéria. Ora, como os conceitos são meros nomes, mas as coisas individuais são o real, sendo suas propriedades transitórias, enquanto isoladas neles, a matéria fica assim como o permanente e, portanto, como o único real.

Estritamente falando, porém, a justificativa do realismo acima exposta não lhe pertence propriamente, mas à teoria platônica das Ideias, cuja ampliação ele é. As formas e propriedades eternas das coisas naturais (εἴδη) são aquilo que perdura sob todas as mudanças e às quais deve portanto ser atribuída uma realidade de uma espécie mais alta do que a dos indivíduos, nos quais elas se manifestam. Em contrapartida, isso não pode ser dito dos meros *abstractis*, que não podem ser comprovados intuitivamente. Por exemplo, o que é o real em conceitos como "relação", "diferença", "separação", "desvantagem", "indeterminação", e outros mais?

Uma certa afinidade ou pelo menos um paralelismo das oposições fica evidente se contrapusermos Platão a Aristóteles, Agostinho a Pelágio, os realistas aos nominalistas. Poder-se-ia afirmar que, de uma certa maneira, mostra-se aqui uma divergência polar do modo de pensar humano — que se expressou, pela primeira vez e da maneira a mais notável, e o mais decisivamente, em dois grandes homens que viveram ao mesmo tempo e perto um do outro.

§11
Bacon de Verulâmio

Num outro sentido e bem mais especialmente determinado do que o que foi agora indicado, Bacon de Verulâmio era o oposto expresso e intencional de Aristóteles, a saber, este tinha exposto cabalmente, em primeiro lugar, o método correto para chegar das verdades universais às particulares e, portanto, o caminho de cima para baixo. Isso é a silogística, o *organum Aristotelis*. Bacon, pelo contrário, mostrou o caminho de baixo para cima, já que expôs o método para chegar das verdades particulares às universais: este é a indução, em oposição à dedução, e sua exposição é o *novum organum*. Essa expressão, escolhida por oposição a Aristóteles, quer dizer: "uma maneira totalmente diferente de apreender". — O erro de Aristóteles, mas muito mais, o erro dos aristotélicos estava na pressuposição de que já possuíam realmente toda verdade, que esta já estava contida nos seus axiomas, portanto em certas proposições *a priori*, ou naquelas tomadas como tais, e que, para conseguir verdades particulares, bastava apenas a dedução a partir delas. Um exemplo disso em Aristóteles é dado pelos seus livros *De caelo*. Em contraposição, mostrou Bacon com razão que aqueles axiomas não tinham tal conteúdo, que a verdade não se encontrava naquele antigo sistema do saber humano, mas de fato fora dele; que, portanto, ela não poderia ser desenvolvida a partir dele, mas que teria, primeiro, de ser introduzida nele e que, consequentemente, só por meio da *indução*, é que teriam de ser alcançadas proposições verdadeiras e gerais, de grande e rico conteúdo.

Os escolásticos, guiados por Aristóteles, pensaram: queremos, em primeiro lugar, estabelecer o universal. O particular daí fluirá, ou pode depois encontrar sob ele um lugar, como der; queremos, de acordo com isso, determinar primeiro o que pertence ao *ens*, à *coisa em geral*; o que é peculiar às coisas particulares pode ser obtido depois, pouco a pouco, talvez durante a experiência; isso não pode alterar nada no universal. — Por outro lado, disse Bacon: queremos conhecer em primeiro lugar as coisas singulares o mais perfeitamente quanto possível, depois conheceremos finalmente o que é a coisa em geral.

Entretanto Bacon era inferior a Aristóteles no fato de que seu método, ao conduzir para cima, não é tão regular, seguro e infalível quanto o de Aristóteles, que conduz para baixo. De fato, o próprio Bacon, nas suas investigações físicas, pôs de lado as regras de seu método que estão dadas no *Novum organon*.

Bacon estava voltado principalmente para a física. O que ele fez por ela, a saber, começar do início, Descartes o fez logo depois para a metafísica.

§12
A filosofia dos modernos

Nos livros de cálculo a correção da solução de um problema costuma mostrar-se quando ele dá certo, quer dizer, quando não deixa resto. Passa-se a mesma coisa com a solução do enigma do mundo. Os sistemas no seu conjunto são cálculos que não deram certo: deixam um resto, ou, se se preferir uma analogia química, um precipitado insolúvel. Este consiste em que, quando concluímos logicamente a partir de suas proposições, os resultados não se adaptam ao mundo real que está diante de nós, não se harmonizam com ele; ao contrário, muitos de seus lados permanecem então sem explicação. Assim, por exemplo, com o sistema materialista, que faz surgir o mundo a partir de uma matéria, exclusivamente dotada de propriedades mecânicas e de acordo com suas leis, não se harmonizam nem o perfeito e admirável finalismo da natureza, nem a existência do conhecimento, para o qual aquela própria matéria em primeiro lugar se apresenta. Isto é, portanto, o resto. Por outro lado, o mal físico preponderante e a perversão moral do mundo não podem ser postos em harmonia com o sistema teísta, e igualmente com o panteísta. Portanto, ficam como restos ou como precipitados insolúveis. É verdade que não se deixa, nesses casos, de encobrir tais restos com sofismas e também com meras palavras e frases. Só que, ao longo do tempo, isso não deixa traço. Assim, quando a conta não dá certo procuram-se erros de cálculo particulares até que, finalmente, tem-se de admitir que o próprio ponto de partida é que era falso. Se, em contrapartida, a completa consequência e harmonia de todas proposições de um sistema é acompanhada, a cada passo, por uma igualmente completa harmonia com o mundo da experiência, sem que entre eles seja audível qualquer dissonância — então este é o próprio critério da verdade, o almejado não deixar resto na conta. De modo semelhante, o fato de que o ponto de partida já seja falso quer dizer que a coisa foi desde o início mal conduzida, por meio do que, depois, foi-se levado de um erro a outro. Pois com a filosofia acontece o mesmo que com outras coisas: tudo depende de se ter tomado o caminho certo. A explicação do fenômeno do mundo oferece vários caminhos, dos quais apenas *um* é o correto. Parece um intrincado emaranhado de fios, com muitas extremidades falsas pendentes. Só quem acha o fio certo é que o desemaranha. Pode-se também compará-lo com um labirinto que oferece centenas de entradas, que dão para corredores, conduzindo todos no fim para fora, depois de voltas intrincadas, com exceção de um único, cuja sinuosidade conduz realmente para o ponto central, onde está o ídolo. Se se tivesse encontrado essa entrada, não se erraria o caminho, pois não se pode atingir o alvo por meio de nenhum outro. Não escondo ser de opinião que só a vontade é em nós o fio certo da meada, a verdadeira entrada do labirinto.

Em contrapartida, Descartes partiu, de acordo com o procedimento da metafísica de Aristóteles, do conceito de *substância,* e ainda vemos seus sucessores carregá-lo com dificuldade. Todavia ele admitiu duas espécies de substâncias: a pensante e a extensa. Elas só poderiam agir uma sobre a outra por meio do *influxus physicus,* que porém logo se mostrou como seu resto. Este acontecia não só de fora para dentro, na representação do mundo dos corpos, mas também de dentro para fora, entre a vontade (que foi sem hesitação acrescentada ao pensamento) e as ações do corpo. A relação mais próxima entre essas duas espécies de substâncias tornou-se o problema principal do qual surgiram tão grandes dificuldades que levaram, como consequência, ao sistema das *causes ocasionelles* [causas ocasionais] e da *harmonia praestabilita* [harmonia preestabelecida], depois que os *spiritus animales,* que mediaram essa relação em Descartes, não puderam mais ser utilizados.[35] Malebranche, aliás, considera o *influxus physicus* impensável, isso porém não levando em consideração o fato de que a mesma coisa seja admitida sem problemas, quanto à criação e direção do mundo dos corpos por meio de um Deus, que é um espírito. Põe portanto em seu lugar as *causes occasionelles* e o *nous voyons tout en Dieu* [vemos tudo em Deus] — aqui está o seu resto. Também Espinosa, seguindo as pegadas de seu mestre, partiu daquele conceito de substância, como se ele fosse um dado. Considerou todavia ambas as espécies de substâncias, a pensante e a extensa, como uma e a mesma, com o que as dificuldades acima mencionadas ficaram menores. Desse modo, porém, sua filosofia tornou-se acima de tudo negativa, levando somente a negar as duas grandes oposições cartesianas, já que ele estendeu sua identificação à

---

[35] De resto os *"spiritus animales"* aparecem como coisa conhecida já antes, em Vanini, *De naturae Arcanis,* dial. 49. Talvez seu criador seja Willisius (*De anatome cerebri; De anima brutorum,* Genebra 1680, pp. 35 e ss.), Flourens, *De la vie et de l'intelligence* os atribui a Galeno. Já Jâmblico (em Estobeu: *Eclogas,* lib. I, cap. 52, par. 29) menciona-os bem claramente como uma doutrina dos estoicos.

outra oposição, estabelecida por Descartes, entre o mundo e Deus. Isso era, porém, um mero método didático ou uma forma de exposição. Teria sido, de fato, muito chocante dizer diretamente: "Não é verdadeiro que um Deus tenha feito este mundo; ele existe por sua própria potência perfeita". Por isso, ele escolheu uma expressão indireta e disse: "O próprio mundo é Deus" — o que nunca lhe teria ocorrido afirmar se tivesse podido partir imparcialmente da natureza e não do judaísmo. Essa expressão serviu ao mesmo tempo para dar uma aparência de positividade às suas proposições doutrinárias, que no fundo são meramente negativas. Portanto ele deixa o mundo propriamente sem explicação, já que sua doutrina leva à afirmação: "o mundo existe, porque existe; e existe como é, porque é assim". (Com essa frase Fichte costumava mistificar seus estudantes.) A deificação do mundo que surge a partir do caminho acima mencionado não permite nenhuma ética verdadeira e estava, além disso, em gritante contradição com o mal físico e a perversidade moral deste mundo. Portanto aqui está seu resto.

Como já disse, o conceito de *substância*, do qual também parte Espinosa, é por ele tomado como um dado. Ele define, por certo, tal conceito de acordo com seu fim, mas não se preocupa com sua origem. Pois foi Locke o primeiro que, logo depois dele, estabeleceu a grande doutrina segundo a qual um filósofo que quisesse derivar ou provar qualquer coisa a partir de conceitos tinha de investigar, em primeiro lugar, a *origem* de um tal conceito. Pois o seu conteúdo — e aquilo que pudesse ser derivado dele — é determinado inteiramente por meio de sua origem, como a fonte de todo conhecimento alcançável por meio dele. Mas, se Espinosa tivesse investigado a origem daquele conceito de substância, então ele teria por fim de ter descoberto que essa origem é tão-somente a *matéria* e que, por isso, o verdadeiro conteúdo do conceito não é outra coisa senão as propriedades essenciais e *a priori* que são atribuídas a ela. De fato, tudo que Espinosa diz em louvor de sua substância encontra sua confirmação na matéria: ela é não-originada e, portanto, sem causa, eterna, particular e única, e suas modificações são a extensão e o conhecimento. Sendo este último uma propriedade exclusiva do cérebro, que é material; Espinosa é, de acordo com isso, um materialista inconsciente. Todavia a matéria, quando nos aprofundamos, realizando e provando empiricamente seu conceito, não é a matéria falsamente compreendida e atomística de Demócrito e dos tardios materialistas franceses, que não tem propriedades senão mecânicas, mas a matéria corretamente compreendida, dotada de todas as suas inexplicáveis qualidades. (Sobre esta diferença remeto ao meu livro principal, v. 2, cap. 24, p. 315.[36]) Esse método de tomar sem exame o conceito de substância e fazer dele o ponto de partida, já o encontramos nos eleatas, como se pode concluir do livro aristotélico *De Xenophane*. Aliás, também Xenófanes parte do ὄν, isto é, da substância, e suas propriedades são demonstradas sem ele ter antes perguntado ou dito de onde tirou seu conhecimento de uma tal coisa. Pelo contrário, se isso tivesse acontecido, então ficaria claro do que ele propriamente fala, quer dizer, que intuição é que estaria finalmente na base de seu conceito, transmitindo-lhe realidade. E, por fim, só resultaria a matéria, como aquilo que dá sentido a tudo que ele diz. Nos capítulos que se seguem sobre Zenão, a concordância com Espinosa estende-se até mesmo à exposição e às expressões. Por isso, quase não podemos deixar de admitir que Espinosa tenha conhecido e se utilizado desse escrito, já que, na sua época, Aristóteles, embora atacado por Bacon, ainda era tido em alta conta e estavam também disponíveis boas edições na versão latina. De acordo com isso, Espinosa seria um mero renovador dos eleatas, do mesmo modo que Gassendi o era de Epicuro. Assim, averiguamos mais uma vez como o

---

[36] A matéria de acordo com Schopenhauer identifica-se com a causalidade: seu ser consiste no *agir (Wirken)*. E, já que a causalidade é forma do nosso entendimento, a matéria pertence à parte formal de nosso conhecimento, estando ligada ao espaço e tempo. Assim ela "não é propriamente *objeto*, mas *condição* da experiência". Por outro lado a matéria é a visibilidade da Vontade, enquanto é o ponto de ligação entre a parte empírica de nosso conhecimento e o puro e *a priori*, contendo, à diferença do espaço e do tempo, um elemento *a posteriori*. (N.T.)

verdadeiramente novo e totalmente original é extremamente raro em todos os ramos do pensamento e do saber.

De resto, e especificamente no aspecto formal, o fato de Espinosa partir do conceito de *substância* repousa no falso pensamento fundamental que recebeu de seu mestre Descartes, e esse, de Anselmo de Canterbury, a saber, do pensamento de que a *existentia* poderia por alguma vez provir da *essentia*, quer dizer, que de um mero conceito poderia inferir-se uma existência que, assim, seria algo necessário. Ou, dito com outras palavras, que será necessário, graças à índole ou à definição de uma coisa meramente *pensada*, que ela não seja mais meramente pensada, mas uma coisa realmente existente. Descartes aplicou esse falso pensamento fundamental ao conceito de *ens perfectissimum*; Espinosa, porém, tomou como conceito fundamental o de *substantia* ou *causa sui* [causa de si] (expressando este último uma *contradictio in adjecto*[37]): veja-se sua primeira definição, que é seu πρῶτον ψεῦδος [primeiro passo em falso], na introdução da *Ética* e depois a proposição 7 do primeiro livro. A diferença do conceito fundamental de ambos os filósofos consiste quase que só na expressão — porém, na utilização desse conceito como ponto de partida, portanto como dado, está presente, tanto num como noutro, o erro de fazer com que a representação intuitiva origine-se da abstrata, ao passo que, na verdade, toda representação abstrata origina-se da intuitiva e é assim fundada por meio desta. Temos portanto aqui um ὕστερον πρότερον [troca de razão e consequência].

Espinosa sobrecarregou-se de uma dificuldade de tipo especial, ao ter nomeado "Deus" sua substância única, uma vez que essa palavra já era usada para designar um conceito completamente diferente. Ele teve de lutar continuamente contra o mal-entendido que surgiu do fato de que o leitor, ao invés do conceito que a palavra "Deus" deve indicar, de acordo com as primeiras definições de Espinosa, ainda associa a ela o que antes costumava indicar. Se ele não tivesse se utilizado dessa palavra,

---

[37] Uma inconsistência lógica entre um substantivo e o adjetivo que o modifica.

então teria evitado longas e penosas discussões no primeiro livro. Mas fez isso para que sua doutrina encontrasse menos obstáculo — objetivo que, no entanto, não foi atingido. Mas, com isso, uma certa duplicidade de sentido percorre toda sua exposição, a qual, de uma certa maneira, poderia ser chamada de alegórica. Além disso, ele também se comporta desse modo com alguns outros conceitos [*substantia cogitans* e *substantia extensa*] — como foi notado acima. Como sua assim-chamada "Ética" teria saído mais clara e consequentemente melhor, se ele tivesse falado de modo direto, como estava na sua mente, e tivesse chamado as coisas pelo seu próprio nome e se também tivesse exposto, correta e naturalmente, seus pensamentos, ao lado de seus fundamentos, ao invés de fazê-los aparecer apertados na bota espanhola[38] de proposições, demonstrações, escólios e corolários, em trajes tomados de empréstimo da geometria que, ao invés de dar à filosofia a certeza daquela, perdem todo significado logo que não for a própria geometria, com suas construções de conceitos, que esteja metida neles! Por isso, aqui também se aplica o ditado: "*Cucullus non facit monachum*" [O capuz não faz o monge.]

No segundo livro, expõe os dois *modi* [modos] de suas únicas substâncias como extensão e representação (*extensio et cogitatio*), o que é uma partição manifestamente falsa, pois a extensão só existe absolutamente para e na representação. Não deveria, portanto, opô-las, mas subordiná-las.

O fato de que Espinosa louve em toda parte expressa e enfaticamente a *laetitia* [alegria] e a ponha como condição de cada comportamento digno de aprovação e que, pelo contrário, recuse incondicionalmente a *tristitia* [tristeza] — muito embora seu Velho Testamento lhe diga: "Chorar é melhor do que rir; pois por meio da tristeza o coração é melhorado" (Koheleth 7, 4) — deve-se meramente ao seu amor pela consequência: porque este mundo é um Deus, então ele é seu próprio fim e tem de

---

[38] *Spanischer Stiefel*, instrumento de tortura usado na Inquisição e que consistia em duas chapas de ferro com parafusos que entalavam as pernas e os pés do torturado. (N.T.)

alegrar-se por sua existência e vangloriar-se dela. Logo "*saute Marquis!*" [pule Marquês!] "*semper alegre e nunquam triste!*" O panteísmo é essencial e necessariamente um otimismo. Esse otimismo indispensável obriga Espinosa ainda a muitas outras consequências falsas, entre as quais ocupam o primeiro lugar as proposições absurdas e muitas vezes revoltantes de sua filosofia moral que, no capítulo 16 do seu *Tratado teológico-político*, crescem até verdadeiras infâmias. Por outro lado ele algumas vezes perde de vista a consequência, no ponto em que ela teria levado a visões corretas, por exemplo na suas proposições falsas sobre os animais. [*Ética*, pars 4 appendicis cap. 26, et eiusdem partis prop. 37, scholium]. Aqui ele fala de acordo com os capítulos 1 e 9 do Gênesis, tal como um judeu os entende, e nós, que estamos acostumados com doutrinas mais puras e valiosas sobre isso, somos vencidos pelo *foetor judaicus*. Ele parece não ter conhecido mesmo nenhum cachorro. A melhor resposta à proposição revoltante com a qual se inicia o mencionado capítulo 26 — "*Praeter homines nihil singulare in natura novimus, cuius mente gaudere et quod nobis amititia aut aliquid consuetudinis genere iungere possumus.*" [Fora dos homens não conhecemos nenhum ser na natureza, com cuja mente nos alegrássemos e com quem pudéssemos nos unir pela amizade ou por qualquer tipo de trato social.] — é dada por um beletrista espanhol dos dias de hoje (Larra, pseudônimo Fígaro, em *Doncel*, cap. 33): "*El que no ha tenido um perro, no sabe lo que es querer e ser querido*". A tortura de animais que, segundo Colerus, Espinosa costumava praticar em aranhas e moscas, para seu divertimento e acompanhada de risadas deliciosas, correspondem muitíssimo bem à suas proposições aqui censuradas e aos mencionados capítulos do Gênesis. Por tudo isso é a *Ética* de Espinosa, em todas as partes, uma mistura de verdadeiro e falso, de coisas dignas de admiração e coisas ruins. Por volta do final dela, na segunda metade da última parte, nós o vemos esforçando-se em vão para tornar-se claro para si mesmo, sem todavia consegui-lo. Nada lhe resta a não ser tornar-se *místico*, que é o que aqui acontece. Para que não sejamos injustos com esse — sem dúvida — grande espírito, devemos pensar que ele tinha ainda muito pouco antes de si, quase que só Descartes, Malebranche, Hobbes, Giordano Bruno. Os conceitos filosóficos fundamentais ainda não estavam suficientemente elaborados, e os problemas não adequadamente ventilados.

Leibniz também partiu do conceito de *substância* como algo dado. Mas teve em vista, principalmente, o fato de que ela teria de ser *indestrutível*: para esse fim ela teria de ser *simples*, porque tudo o que é extenso seria divisível em partes e portanto destrutível. Consequentemente, a substância era inextensa e, portanto, imaterial. Assim não restaram para sua substância outros predicados a não ser os espirituais: percepções, pensamentos e desejos. Admitiu pois um sem-número dessas substâncias imateriais e espirituais que, embora não sendo extensas, deveriam no entanto estar no fundamento do fenômeno da extensão. Por isso ele as define como *átomos formais* e *substâncias simples* (*Opera*, editio Erdmann, pp. 124, 676) e lhes dá o nome de *mônadas*. Estas deveriam estar, portanto, no fundamento do fenômeno do mundo corporal, o qual, de acordo com isso, é uma mera aparência (*Erscheinung*), sem realidade própria e imediata, a qual é atribuída somente às mônadas, que se introduzem nela ou por detrás dela. Esse fenômeno do mundo corporal, no entanto, é, por outro lado, trazido à percepção das mônadas (quer dizer, daquelas que percebem realmente, mas que são bem poucas, já que a maioria dorme continuamente) graças à harmonia preestabelecida, que a mônada central produz sozinha e a suas próprias custas. Aqui, de algum modo, ficamos no escuro. Mas, seja como for, é uma harmonia preestabelecida pela mônada central que cuida da mediação entre os meros pensamentos dessas substâncias e o que é real e em-si-mesmo extenso. (Aqui se teria de dizer que tudo é resto.) Contudo, para fazer justiça a Leibniz, temos de lembrar o modo de considerar a *matéria* que era antes admitido por Locke e Newton, no qual, a saber, ela se apresenta como absolutamente morta, puramente passiva e sem vontade, dotada apenas de forças mecânicas e submetida apenas a leis matemáticas. Leibniz, em contrapartida, recusa os *átomos* e a física puramente *mecânica*, para pôr no lugar dela uma física *dinâmica*; no que ele prepara a obra de Kant (*Opera*, editio Erdmann, p. 694). Ele se lembra aí (*Opera*, p. 124), em primeiro lugar, das *formas substantiales* dos escolásticos e depois chega ao entendimento de que mesmo as forças meramente mecânicas da matéria, fora das quais outras não eram antes admitidas ou conhecidas, tinham de ter algo espiritual como base. Porém, não soube explicar isso melhor do que pela ficção extremamente desajeitada de que a matéria consistia de puras alminhas que eram, ao mesmo tempo, átomos formais e cuja maior parte se encontrava num estado de entorpecimento, tendo todavia um análogo de *perceptio* e *appetitus*. Por aí foi levado a desencaminhar-se, já que ele, junto com os outros, tomou, como fundamento e *conditio sine qua non* de tudo que é espiritual, o conhecimento e não a vontade, para a qual fui o primeiro a reivindicar o primado que lhe é devido; com isso, tudo na filosofia foi transformado. Merece reconhecimento, contudo, o esforço de Leibniz de pôr no fundamento do espírito e da matéria um e o mesmo princípio. Até mesmo se poderia encontrar aí um pressentimento tanto da doutrina kantiana como da minha, mas *"quas velut trans nebula vidit"* [que ele viu, por assim dizer, através da névoa]. Pois já está no fundamento de sua fenomenologia o pensamento de que a matéria não é uma coisa-em-si, mas que é mero fenômeno; por isso, não se deve procurar o último fundamento de seu próprio efetuar mecânico no puramente geométrico, isto é, naquilo que pertence meramente ao fenômeno, como extensão, movimento, forma; por isso, já a impenetrabilidade não é uma propriedade meramente *negativa*, mas a exteriorização de uma força positiva. (A visão fundamental de Leibniz, aqui elogiada, está expressa do modo mais claro em alguns pequenos escritos em francês, como o *Sistème nouveau de la nature*, e outros mais, que foram tirados do *Journal des savants* e da edição de Dutens e inseridos na edição de Erdmann e nas Cartas etc., em Erdmann, *Opera*, pp.

681-95. Também há uma coletânea bem escolhida de passagens de Leibniz, convenientes para esta visão, às páginas 335-40 de seus *Kleineren Philosophischen Schriften* [Pequenos escritos filosóficos], traduzidos por Köhler e revisados por Huth, Jena, 1740.)

Sobretudo vemos sempre, neste inteiro encadeamento de estranhas doutrinas dogmáticas, *uma* ficção atraindo a outra como seu fundamento, exatamente como na vida prática *uma* mentira torna muitas outras necessárias. No fundamento disso está a cisão cartesiana de todo o existente em Deus e mundo e, do homem, em espírito e matéria — recaindo também todo o resto nesta última divisão. Daí provém o erro comum a essa e a toda filosofia que porventura tenha existido, de pôr nossa essência fundamental no conhecimento ao invés de pô-la na vontade e de fazer com que esta seja o secundário e aquele, o primário. Esses eram portanto os erros originários contra os quais a natureza e a realidade das coisas protestam a cada passo e para cuja salvação tiveram de ser inventados depois os *spiritus animales*, a materialidade dos animais, as causas ocasionais, o ver tudo em Deus, a harmonia preestabelecida, as mônadas, o otimismo e seja lá o que for preciso. Na minha obra, em contrapartida, em que as coisas são apanhadas pelo lado certo, tudo se encaixa por si mesmo, tudo aparece na luz adequada, não se exigem quaisquer ficções, e *"simplex sigilum veri"* [o simples é o segredo do verdadeiro].

Kant não foi tocado diretamente pelo problema das substâncias; ele está bem acima disso. O conceito de substância é nele uma categoria e portanto uma mera forma de pensar *a priori*. Por meio desta, na sua aplicação necessária à intuição sensível, nada porém é conhecido tal como é em si mesmo: por isso a essência que está no fundamento, tanto dos corpos, como das almas, pode bem ser, em-si mesma, uma e a mesma. Essa é a sua doutrina. Ela me facilitou o caminho para a compreensão de que o próprio corpo de cada um é apenas a intuição de sua vontade que nasce no seu cérebro, relação essa que, depois, estendendo-se a todos os corpos, resulta na decomposição do mundo em vontade e representação.

Porém, aquele conceito de *substância*, que Descartes, fiel a Aristóteles, transformou no conceito capital da filosofia, e de acordo com cuja definição também Espinosa começa, embora à maneira dos eleatas, aparece numa investigação mais precisa e honesta como um *abstractum* [abstração] mais alto, porém injustificado, do conceito de *matéria*, que, aliás, também deveria abranger o filho ilegítimo, *substância imaterial,* tal como expus detalhadamente na minha *Crítica da filosofia kantiana* (pp. 550 e ss. da segunda edição).[39] Mas, deixando isso de lado, o conceito de substância não serve para o começo da filosofia porque ele é sempre *objetivo*. Aliás, tudo o que é objetivo é para nós sempre *mediato*; só o subjetivo é o imediato; por isso não se deve passar por cima dele, mas se tem de, simplesmente, partir dele. Isso também por certo fez Descartes e, até mesmo, foi o primeiro que o reconheceu e o fez, começando justo com ele, por causa disto, uma nova época na filosofia. Só que ele o fez de modo meramente preliminar, no primeiro impulso, depois do que logo admitiu a realidade objetiva e absoluta do mundo, sob o crédito da veracidade de Deus e, daí para diante, continuou a filosofar bem objetivamente. A este respeito, inclusive, torna-se ainda propriamente culpado de um importante *circulus vitiosus*: prova a realidade objetiva dos objetos de todas nossas representações intuitivas a partir da existência de Deus, enquanto autor delas, cuja veracidade não permite que Ele nos engane. Ele prova porém a própria existência de Deus a partir das representações inatas que supostamente teríamos dele como o ser mais perfeito de todos. "*Il commence par douter de tout, et finit par tout croire*" [ele começa duvidando de tudo e termina crendo em tudo], diz um conterrâneo seu.[40]

---

[39] Tradução em português, pp. 145-7, v. Schopenhauer, col. Pensadores, São Paulo, Abril, 1980.

[40] Quem disse isso foi Voltaire, filósofo francês, na obra *Le philosophe ignorant*, de 1766, cap. V "Aristote, Descartes et Gassendi". Eis o texto: "Ce Descartes, surtout, après avoir fait semblant de tout douter, parle d'un ton si affirmatif de ce qu'il n'entend

Portanto foi Berkeley quem, pela primeira vez, efetivou seriamente o ponto de partida subjetivo e provou incontestavelmente o caráter indispensável do mesmo. Ele é o pai do idealismo: e este é o fundamento de toda filosofia verdadeira, que foi desde então geralmente mantido, pelo menos como ponto de partida, embora cada filósofo que se seguiu tivesse tentado outras modulações e abrandamentos dele. Aliás, também Locke partiu do subjetivo, já que reivindicou uma grande parte das propriedades dos corpos para a nossa impressão sensorial. Todavia, deve-se notar que a sua redução de todas as diferenças *qualitativas*, como propriedades secundárias, a meras diferenças *quantitativas*, a saber, grandeza, forma, posição, etc., como as únicas propriedades primárias, quer dizer objetivas, ainda é no fundo a doutrina de Demócrito, que, do mesmo modo, reduziu todas as qualidades à forma, composição e posição dos átomos, como pode ser visto de modo particularmente claro na *Metafísica* de Aristóteles, livro I, capítulo 4, e no *De sensu* de Teofrasto, capítulos 61-65. — Locke foi consequentemente um renovador da filosofia de Demócrito, como Espinosa o foi da eleata. Ele também realmente aplainou o caminho para o materialismo francês subsequente. Todavia ele preparou diretamente, por meio dessa distinção prévia entre o subjetivo e o objetivo, a intuição de Kant que, então, perseguindo sua direção e rastro, num sentido muito mais elevado, conseguiu separar claramente o subjetivo do objetivo, processo no qual certamente foi tanto o que coube ao subjetivo, que o objetivo só ficou como um ponto

point; il est si sur de son fait quand il se trompe grossièrement en physique; il a bati un monde si imaginaire; ses tourbillons et ses trois éléments sont d'un si prodigieux ridicule, que je dois me méfier de tout ce qu'il me dit sur l'âme, après qu'il m'a tant trompé sur le corps. Qu'on fasse son éloge, à la bonne heure, pourvu qu'on ne fasse pas celui de ses romans philosophiques, méprisés aujourd'hui pour jamais dans toute L'Europe". [Esse Descartes, depois de fazer de conta de duvidar de tudo, fala com um tom muito afirmativo daquilo que não compreende; está tão seguro de ter razão quando se engana grosseiramente na física; construiu um mundo tão imaginário; seus torvelhinhos e seus três elementos são de um ridículo tão prodigioso, que devo desconfiar de tudo que ele me diz sobre a alma, depois de ter me enganado tanto quanto ao corpo. Que se faça seu elogio, tanto melhor, conquanto não se elogiem seus romances filosóficos, desprezados de hoje para sempre em toda a Europa.]

totalmente escuro, como um algo não mais cognoscível — a coisa-em-si. Reconduzi esta de novo ao ser que nós encontramos em nossa consciência como sendo a vontade e, portanto, também aqui voltei de novo à fonte subjetiva do conhecimento. Não podia ser de outro modo, porque todo objetivo sempre é algo apenas secundário, ou seja, uma representação. Por isso não devemos procurar o núcleo mais íntimo do ser, a coisa-em-si, fora de nós, mas somente em nós, como a única coisa imediata. Acrescenta-se a isso o fato de que nunca poderíamos chegar por meio do objetivo a um ponto de repouso, a algo último e originário, porque aí estamos no domínio das *representações*, e todas elas, porém, têm essencialmente por forma o *princípio de razão* em suas quatro modalidades, às quais cada objeto logo se subsume, submetendo-se à sua exigência: por exemplo, sobre um *absolutum* objetivamente admitido, logo incidem destrutivamente as perguntas "de onde?" e "por quê?", diante das quais ele tem de retirar-se e desaparecer. É diferente, quando mergulhamos nas profundezas silenciosas, embora obscuras do sujeito. Aqui, porém, ameaça-nos certamente o perigo de cairmos no misticismo. Precisamos portanto haurir desta fonte só o que é tomado como faticamente verdadeiro, acessível a todos e a cada um — em suma, inteiramente inegável.

A *dianoiologia*,[41] que, como resultado das pesquisas desde Descartes, era vigente até antes de Kant, encontra-se exposta *en résume* e com ingênua clareza em *Della fantasia* de Muratori,[42] capítulos 1 a 4 e 13. Locke aparece nela como um herético. O todo dessa obra é um ninho de erros, onde se pode constatar como apreendi e expus a questão de uma maneira totalmente diferente, depois que tive como predecessores Kant e Cabanis.[43]

---

[41] Ver nota 13.

[42] Ludovico Antonio Muratori, 1672-1750, padre e erudito italiano, pioneiro da moderna historiografia italiana. Escreveu a história da Idade Média italiana e, além de historiador, ocupando-se com a ligação entre cultura e moral; publicou *Reflessione sopra il buon gusto*, 1708.

[43] George Cabanis, 1757-1808, médico fisiologista francês. Discípulo de Condillac, foi membro do grupo dos idéologos. Cabanis explicava a realidade psíquica e os aspectos mentais e morais do homem como resultado de forças mecânicas. A consciência

Toda aquela dianoiologia e psicologia é construída sobre o falso dualismo cartesiano. Assim, em toda a obra, tudo tem de ser a ele reconduzido *per fas et nefas* [por todos os meios, lícitos ou ilícitos], inclusive muitos fatos interessantes e certos que ela apresenta. Todo o procedimento é interessante como tipo.

§13
Ainda alguns esclarecimentos sobre a filosofia kantiana

Como mote da *Crítica da Razão Pura*, seria muito apropriada uma passagem de Pope (*Works*, v. 6, p. 374, Ed. Baseler) escrita mais ou menos oitenta anos antes dela: "since its reasonable to doubt most things, we should most of all *doubt that reason of ours* which would *demonstrate* all things" [uma vez que é razoável duvidar da maioria das coisas, deveríamos acima de tudo *duvidar de nossa própria razão* a quem caberia *demonstrar* todas as coisas].

O espírito próprio da filosofia kantiana — seu pensamento fundamental e seu sentido verdadeiro — pode ser apreendido e exposto de múltiplas maneiras: as diferentes versões e expressões do assunto serão umas mais apropriadas que outras, de acordo com a diversidade das cabeças, para abrir para este ou aquele o correto entendimento daquela doutrina muito profunda e, por isso, difícil. O que se segue é mais uma tentativa desta espécie, que se propõe lançar minha clareza na profundidade kantiana.

À matemática subjazem *intuições*, sobre as quais suas provas se apoiam: mas, dado que essas intuições não são empíricas, suas teorias são apodíticas. A filosofia, ao contrário, tem meros *conceitos* como sendo o dado de que ela parte, o qual deve comunicar necessidade (apoditicidade) a suas provas. Ela não pode, pois,

era um mero efeito de processos mecânicos, e a sensibilidade, uma propriedade do sistema nervoso. Schopenhauer cita Cabanis e sua obra *Les rapports du physique et du moral* inúmeras vezes, e, principalmente ao explicar a constituição do intelecto humano e sua base fisiológica.

contar diretamente com intuições meramente *empíricas,* porque se propõe a esclarecer o universal das coisas e não o particular, sendo sua intenção conduzir para além do empiricamente dado. Então lhe restam apenas os conceitos universais, já que estes, é claro, não são o intuitivo, puramente empírico. Tais conceitos têm, portanto, de fornecer a fundamentação de suas doutrinas e provas e se tem de partir deles como sendo um existente e um dado. Assim, por causa disso, a filosofia é uma ciência de meros *conceitos,* enquanto que a matemática é uma ciência da *construção* (exposição intuitiva) de seus conceitos. Todavia, estritamente falando, é só a argumentação da filosofia que parte de meros *conceitos.* Ou seja, esta não pode, igual à matemática, partir de uma *intuição,* pois esta teria de ser ou a pura *a priori* ou a empírica: a última não dá nenhuma apodicticidade, e só a matemática fornece a primeira. Por isso, se ela porventura quiser apoiar suas doutrinas em demonstrações, então estas têm de consistir na inferência lógica correta a partir de conceitos postos como fundamento. — Desse modo, as coisas caminharam muito bem durante toda a longa escolástica e até mesmo na nova época fundada por Descartes, de tal modo que vemos ainda Espinosa e Leibniz seguir esse método. Porém, ocorreu por fim a Locke investigar a *origem* dos conceitos, e o resultado foi que todos os conceitos universais, por mais amplos que possam ser, são hauridos da experiência, quer dizer, do mundo empírico real, sensível e intuitivo que está diante de nós, ou também da experiência interna, tal como a auto-observação a oferece a cada um, tendo com isso todo o seu conteúdo apenas a partir delas, não podendo consequentemente oferecer mais do que a experiência externa e interna aí colocou. Teria de ter sido rigorosamente inferido daí que eles nunca poderiam levar além da experiência, isto é, nunca poderiam levar ao alvo: mas Locke foi além da experiência com princípios hauridos da experiência.

Continuando a oposição a seus predecessores e corrigindo a doutrina lockiana, Kant então mostra que, na verdade, existem alguns conceitos que constituem uma exceção à regra acima, *não* se originando portanto na experiência. Mas ao mesmo tempo também mostra que mesmo esses conceitos são em parte hauridos das intuições puras, quer dizer, *a priori*, do espaço e do tempo, e, em parte, constituem as funções peculiares a nosso próprio entendimento, com o propósito de seu uso na experiência, que é regulada por eles. Mostra que, desse modo, sua validade se estende apenas à experiência possível mediada sempre pelos sentidos, uma vez que eles mesmos só são destinados a gerar em nós, pelo estímulo da impressão sensorial, esta experiência, juntamente com o seu procedimento conforme a leis. Mostra que esses conceitos, portanto, que em-si-mesmos são sem conteúdo, recebem toda matéria e forma somente da *sensibilidade* para depois, com elas, produzir a experiência. Excluída, porém, a experiência, eles não têm qualquer conteúdo ou significado, visto que só são válidos sob a pressuposição da intuição que repousa sobre a impressão sensorial, referindo-se essencialmente a ela. Daí se segue que não podem nos propiciar os guias para levar-nos para além da possibilidade da experiência e, ainda, que a *metafísica*, vista como ciência daquilo que está além da natureza, quer dizer, além da possibilidade da experiência, é *impossível*.

Como uma das partes componentes da experiência, a saber, a universal, formal e legal — é cognoscível *a priori*, repousa por isso mesmo sobre as funções essenciais e legais do nosso próprio intelecto. A outra parte, pelo contrário, a saber, a particular, material e contingente, surge da impressão sensorial. Ambas são, pois, de origem *subjetiva*. Segue-se daí que o conjunto da experiência, junto com o mundo que nela se apresenta, é um mero fenômeno, quer dizer, algo que existe primeira e imediatamente só para o sujeito que o conhece. Todavia, esse fenômeno aponta para alguma coisa-em-si-mesma que está no seu fundamento, a qual, no entanto, é, como tal, simplesmente incognoscível. Estes são os resultados negativos da filosofia kantiana.

Tenho de lembrar aqui que Kant faz como se fôssemos apenas seres que conhecem e que, portanto, não tivéssemos nenhum dado fora da *representação*. Mas certamente possuímos em nós um outro dado, *toto genere* diverso daquele, que é a *vontade*. Ele, por certo, também a levou em consideração, não na filosofia teórica, mas meramente na filosofia prática, que nele é totalmente separada daquela. Ou seja, considerou a vontade, única e exclusivamente, para estabelecer o fato da pura significação moral de nossos atos e para fundamentar aí uma doutrina de fé moral, como contrapeso da ignorância teórica, consequentemente também da impossibilidade de toda teologia, na qual caímos pelo que foi dito acima.

A filosofia de Kant, à diferença de todas as outras, e até mesmo em oposição a elas, é chamada de *filosofia transcendental*, mais precisamente de *idealismo transcendental*. A expressão "transcendente" não é de origem matemática, mas filosófica, pois já era corrente na escolástica. Ela foi introduzida na matemática por Leibniz, para indicar "*quod algebra transcendit*" [o que transcende a possibilidade da álgebra], portanto todas as operações que a álgebra e a matemática normais não bastam para resolver, como, por exemplo, encontrar o logaritmo de um número ou vice-versa, ou encontrar, de modo puramente aritmético, as funções trigonométricas de um arco ou vice-versa; em geral, todos os problemas que têm de ser resolvidos por um cálculo que prossegue indefinidamente. Os escolásticos chamavam porém de *transcendentes* os conceitos mais elevados, aqueles que eram ainda mais gerais do que as dez categorias de Aristóteles. Espinosa ainda usa a palavra nesse sentido. Giordano Bruno (*Della causa* [principio ed uno], dial. 4) nomeia *transcendentes* os predicados que são mais gerais do que a diferença entre substâncias corpóreas e incorpóreas e que cabem, portanto, à substância em geral: dizem respeito, de acordo com ele, àquela raiz comum, na qual o corporal é *uno* com o incorporal e que é a verdadeira substância originária, e ele vê justo aí uma prova de que deve haver tal substância. Finalmente Kant entende, primeiramente, por *transcendental*, o reconhecimento do apriorístico e, por isso, do meramente formal no nosso conhecimento, *como sendo tal*. Quer dizer, a compreensão de que tal conhecimento é independente da experiência e de que é esse mesmo conhecimento que prescreve as regras inalteráveis segundo as quais esta tem de dar-se, ligada ao entendimento do porquê de tal conhecimento ser este e ter tal poder, ou seja, porque ele constitui a *forma* de nosso intelecto: o que se dá como consequência de sua origem subjetiva. De acordo com isso só a *Crítica da Razão Pura* é propriamente transcendental. Em oposição a isso, ele chama de *transcendente* o uso, ou melhor, o abuso daquele elemento formal puro além da possibilidade da experiência, designando-o também como hiperfísico. Em suma, de acordo com isso, *transcendental* quer dizer o mesmo que "antes de toda experiência"; *transcendente,* em contrapartida, "além de toda experiência". Assim Kant só admite a metafísica como sendo filosofia transcendental, quer dizer, como a teoria daquilo que, sendo formal, está contido *como tal* em nossa consciência cognoscente e da limitação daí decorrente, em virtude da qual o conhecimento da coisa--em-si nos é impossível, visto que a experiência só nos pode fornecer meros fenômenos. A palavra *metafísico* não é todavia nele perfeitamente sinônima de "transcendental", sendo, aliás, chamado por ele de *metafísico* tudo o que é *a priori* certo, mas referente à experiência; em contrapartida, só o ensinamento de que o que é certo *a priori* o é por causa de sua origem subjetiva e por ser puramente formal é que é chamado de *transcendental*. *Transcendental* é a filosofia que traz à consciência o fato de que as leis primeiras e essenciais deste mundo que se nos apresenta enraízam-se em nosso cérebro e, por causa disso, são conhecidas *a priori*. Ela se chama *transcendental* porque *vai além* de toda fantasmagoria dada, até suas origens.[44] Portanto, como já dito, só a *Crítica da razão pura* e a filosofia crítica em geral (i.é., a kantiana) são transcendentais;[45] *metafísicos,* em contrapartida,

[44] Ver §32 da obra de Schopenhauer *A quádrupla raiz do princípio de razão suficiente*.
[45] A *Crítica da razão pura* transformou a ontologia em dianoiologia [Nota do discípulo Frauenstädt, numa edição crítica à obra do mestre].

são os *Princípios metafísicos da ciência da natureza*, também os da *Doutrina da virtude* etc...

O conceito de uma filosofia transcendental pode entretanto ser ainda compreendido num sentido mais profundo, quando nos empenhamos em concentrar-nos no espírito mais íntimo da filosofia kantiana, mais ou menos como se segue: que o mundo nos é dado só de uma maneira *secundária* como representação, imagem na nossa mente, fenômeno cerebral, enquanto a própria vontade nos é dada imediatamente na consciência de si; que, portanto, tem lugar uma separação, e mesmo uma oposição entre nossa própria existência e a do mundo — esta é uma mera consequência da nossa existência individual e animal, com cujo término ela portanto desaparece. Até esse ponto, porém, é impossível para nós suprimir no pensamento aquela forma fundamental e originária de nossa consciência, que é indicada como divisão em sujeito e objeto. Isso porque todo pensar e representar a tem como pressuposto. É por isso que a deixamos ficar e a admitimos sempre como a essência originária e a constituição fundamental do mundo, embora seja, de fato, apenas a forma de nossa consciência animal e o fenômeno mediado por ela. Mas, a partir daí, surgem todas aquelas perguntas sobre o começo, o fim, os limites e o nascimento do mundo, sobre a nossa própria duração após a morte e assim por diante... Todas elas repousam, pois, sobre um pressuposto falso: o de que aquilo que tem apenas a forma do fenômeno, quer dizer, que só é uma *representação* mediada por uma consciência animal cerebral, é atribuído à coisa em si mesma e é assim tomado pela constituição originária e fundamental do mundo. Este é o sentido da expressão kantiana: todas essas perguntas são *transcendentes*. Elas são por isso irrespondíveis, não apenas subjetivamente, mas em e por si mesmas, i.é., objetivamente. Pois são problemas que desaparecem completamente com a supressão de nossa consciência cerebral e das oposições que nela se baseiam; e que, no entanto, foram colocadas como se fossem independentes dela. Quem, por exemplo, pergunta se sobreviverá após a sua morte, suprime *in hypothesi* a sua consciência animal cerebral; está todavia perguntando por algo que só existe sob pressuposição da mesma, já que repousa sobre a sua forma, a saber, sujeito, objeto, espaço e tempo — ou seja, pergunta pela sua existência individual. Assim, uma filosofia que traz à consciência todas essas condições e limitações *enquanto tais é transcendental* e, enquanto reivindica para o sujeito as determinações fundamentais universais do mundo objetivo, é um *idealismo transcendental.* — Aos poucos, ver-se-á que os problemas da metafísica só são insolúveis, na medida em que uma contradição estiver contida nas próprias perguntas.

Entretanto, o idealismo transcendental não torna inteiramente contestável o mundo que se apresenta na sua *realidade empírica,* mas afirma apenas que esta não é algo de incondicionado, pois tem como condição nossas funções cerebrais, a partir das quais surgem as formas da intuição, portanto o tempo, o espaço e a causalidade — e que, por isso, tal realidade empírica é apenas a realidade de um fenômeno. Assim, quando nela se expõe uma multiplicidade de entes, dos quais sempre um desaparece e o outro nasce, sabemos que só mediante a forma da intuição do espaço é possível a multiplicidade; mediante a forma da intuição do tempo, o desaparecer e o nascer. Reconhecemos então que um tal processo não tem uma realidade *absoluta,* isto é, que ele não pertence ao ser em-si-mesmo que se expõe naquele fenômeno. Pelo contrário, se pudéssemos retirar aquelas formas de conhecimento como o vidro do caleidoscópio, teríamos diante de nós, para nosso espanto, esse ser-em-si como algo único e permanente, como imperecível, imutável e idêntico sob todas as mudanças aparentes e, talvez, até mesmo descendo às suas determinações bem particulares. De acordo com esse modo de ver, podem-se estabelecer as três proposições que se seguem:

1 — A única forma de realidade é o presente; só nele o real pode ser imediatamente encontrado, estando sempre nele contido total e perfeitamente.

2 — O que é verdadeiramente real é independente do tempo, sendo portanto um e o mesmo em cada ponto do tempo.

3 — O tempo é a forma intuitiva de nosso intelecto e, por isso, alheio à coisa-em-si.

Essas três proposições são no fundo idênticas. Quem se apercebe claramente tanto da sua identidade, como de sua verdade, fez um grande progresso na filosofia, já que concebeu o espírito do idealismo transcendental.

Como é, em geral, cheia de consequências a doutrina kantiana da idealidade do tempo e do espaço, que ele expôs de modo tão seco e singelo! Enquanto nada resulta da conversa fiada empolada, cheia de pretensão e intencionalmente incompreensível dos três conhecidos sofistas[46] que atraem de Kant para si próprios a atenção de um público indigno dele. Pode-se dizer que antes de Kant estávamos no tempo, e agora é o tempo que está em nós. No primeiro caso, o tempo é *real* e somos por ele consumidos como tudo o que está no tempo. No segundo caso, o tempo é *ideal*: está em nós. Com isso cai em primeiro lugar a pergunta com referência ao futuro depois da morte. Pois eu não sou; logo não existe também mais nenhum tempo. É só uma aparência enganadora que me mostra um tempo que prossegue sem mim depois de minha morte: todas as três divisões do tempo, passado, presente e futuro, são da mesma maneira produtos meus e me pertencem, mas eu não pertenço a uma delas de preferência à outra. — Por outro lado, mais uma consequência que se pode tirar da proposição de que o tempo não pertence ao ser em si das coisas é a de que, num certo sentido, o passado *não* é passado, mas tudo aquilo que alguma vez foi real e verdadeiro no fundo ainda tem de sê-lo, já que o

[46] "Os três conhecidos sofistas" a que Schopenhauer se refere são os filósofos Fichte, Schelling e Hegel, idealistas, seus contemporâneos. Sofistas, porque exerciam a profissão de professores de filosofia, vivendo dessa sua função. Ora, Schopenhauer faz uma crítica da filosofia como profissão em vários momentos de sua obra e, especialmente, no texto dos *Parerga, Sobre a filosofia universitária* (em português, São Paulo, Polis, 1980), em que condena "os que vivem *da* filosofia e não *para a* filosofia". (N.T.)

tempo se assemelha a uma cachoeira de teatro que parece cair torrencialmente, enquanto, como uma mera roda, não sai do lugar. (Já há muito tempo, na minha obra principal, comparei analogamente o espaço com um vidro polido em facetas, que nos faz ver o que existe de modo simples numa reprodução inumerável.) Mesmo se, diante do risco de tocar as raias do delírio, nós nos aprofundarmos ainda mais no assunto, pode nos ocorrer como se nós, numa presentificação bem viva de nosso próprio passado muito remoto, adquiríssemos uma convicção imediata de que o tempo não toca o ser próprio das coisas, mas é apenas interposto entre este e nós como um mero meio de percepção, com a retirada do qual tudo voltaria a existir. Por outro lado, também nossa faculdade de memória, tão fiel e viva, na qual aquilo que se passou de há muito conserva uma existência imperecível, dá testemunho de que em nós há igualmente algo que não envelhece e, consequentemente, não está no domínio do tempo.

A tendência capital da filosofia kantiana é provar a total *diversidade do real e do ideal*, depois de Locke já ter aberto caminho para isso. — Superficialmente, pode-se dizer que o *ideal* é a forma intuitiva, que se manifesta espacialmente, com todas as propriedades que nela são percebidas; o *real*, em contrapartida, é a coisa em e para si mesma, independentemente de ser representada na mente de um outro ou na nossa própria. Só que o difícil é traçar os limites entre ambos, embora seja justamente disto que se trata. Locke mostrou que tudo o que naquela forma é cor, som, lisura, aspereza, dureza, maciez, frio, calor, etc. (qualidades secundárias) é meramente *ideal* e que, portanto, não pertence à coisa-em-si mesma, ou seja, porque naquela forma não são dados o ser e a essência das coisas, mas apenas o *agir da coisa* e, de fato, um agir bem unilateral e determinado, aquele que se dá sobre a receptividade bem especificamente determinada dos nossos cinco órgãos dos sentidos, em virtude da qual o som não age sobre os olhos nem a luz sobre os ouvidos. De fato, o agir dos corpos sobre os órgãos dos sentidos consiste apenas em pô-los na sua atividade própria, quase como se eu puxasse um fio que pusesse o relógio musical a tocar. Em contrapartida, como real e pertencente à coisa-em-si mesma, Locke ainda deixou ficar extensão, forma, impenetrabilidade, movimento ou repouso e número — que, por isso, chamou de qualidades primárias. Com um discernimento infinitamente superior, Kant mostrou mais tarde que essas propriedades também não pertencem à pura essência objetiva das coisas ou à coisa-em-si-mesma e, portanto, não podem ser simplesmente *reais*, porque são condicionadas pelo espaço, pelo tempo e pela causalidade. Estes, porém — e, de fato, segundo toda sua legalidade e índole —, nos são dados e precisamente conhecidos *antes* de toda experiência. Assim, têm de estar pré-formados em nós, assim como o modo específico de receptividade e atividade de cada um de nossos sentidos. De acordo com isso, já disse expressamente que aquelas formas são a quota de participação do *cérebro* na intuição, como as sensações específicas dos sentidos o são dos respectivos órgãos.[47] Já de acordo com Kant, o puro ser objetivo das coisas é portanto independente de nossa representação e de seu aparato, que ele nomeia coisa-em-si e é, portanto, o próprio real em oposição ao ideal, algo total e completamente diferente da forma que se manifesta para nós intuitivamente e ao qual, devendo ser independente do espaço e do tempo, nem mesmo podem ser atribuídas duração e extensão, embora comunique a força de existir a tudo o que tem extensão e duração. Também Espinosa apreendeu a questão em linhas gerais,[48] como pode ser visto

[47] Do mesmo modo que é nosso olho que produz o verde, o vermelho e o amarelo, assim também é o *nosso cérebro* que produz *o espaço, o tempo e a causalidade* (cujo abstrato objetivo é a *matéria*) — A minha *intuição* de um corpo no espaço é o produto de minha função sensorial e cerebral mais X. [Nota de Frauenstädt.]

[48] Espinosa diz na proposição 16 da primeira parte da *Ética*, corolário II, "que as ideias que temos dos corpos exteriores indicam mais a constituição do nosso corpo do que a *natureza* dos corpos exteriores" (grifo meu) e, no escólio à proposição XVIII, explicita que a concatenação das ideias referentes à natureza dos corpos exteriores se dá segundo a ordem e a concatenação das afecções do corpo; essa concatenação envolve apenas a natureza dos corpos exteriores, não explicando a natureza desses corpos. (N.T.)

na sua *Ética*, parte 2, prop. 16 com seu segundo corolário (e também prop. 18, escólio).

O real de Locke, em oposição ao ideal, é, no seu fundamento, a *matéria*, obviamente despida de todas as propriedades que ele põe de lado como secundárias, quer dizer, condicionadas por nossos órgãos dos sentidos; porém, de fato, algo que existe em si e por si como extenso etc. sendo a representação seu mero reflexo ou imagem em nós. Relembro aqui que eu provei (*Sobre a quádrupla raiz*, segunda edição, p. 77, e menos detalhadamente no *Mundo como vontade e representação*, v. 1, p. 9, e v. 2, p. 48) que a essência da matéria consiste inteiramente no seu *agir*, e, assim, que a matéria é de ponta a ponta causalidade e que, uma vez que dela pensada como tal deve ser abstraída toda qualidade particular e toda maneira específica de agir, ela é o agir ou a pura causalidade privada de toda determinação mais próxima, é a causalidade em abstrato. Para uma compreensão mais profunda peço ao leitor que se remeta às passagens citadas. Porém, apesar de só eu ter dado a prova correta, Kant já ensinara que toda causalidade é apenas uma forma de nosso entendimento, que portanto só está presente no e para o entendimento. De acordo com isso, vemos agora aquele pretenso real de Locke, a matéria, ser reconduzido por este caminho totalmente ao ideal e, assim, ao sujeito, isto é, existir só na representação e para a representação. Já Kant retirara, por meio de sua exposição, a materialidade do real e da coisa-em-si: também para ele só restou um X, totalmente desconhecido. Eu, porém, demonstrei por fim a *vontade* em nós, como o que é verdadeiramente *real* ou a coisa-em-si, a única que tem uma existência real independente da representação e de suas formas, embora a tivessem até então, impensadamente, classificado como *ideal*. Vê-se a partir daí que Locke, Kant e eu estamos em íntima conexão, uma vez que nós, num período de quase dois séculos, expusemos o desenvolvimento gradual de uma marcha de pensamento coerente e mesmo homogênea. Devemos considerar ainda *David Hume* um elo de ligação nessa cadeia, embora só no que se refere à lei da *causalidade*. A respeito dele e de sua influência devo ainda completar a exposição acima por meio do seguinte:

Locke, como também Condillac, que seguia suas pegadas com seus discípulos, mostram e indicam que, à sensação que entra num órgão dos sentidos, tem de corresponder uma causa fora de nosso corpo e, a seguir, que, às diferenças de tais efeitos (impressões nos sentidos), têm de corresponder também as diferenças de causas, e finalmente, também, quais possivelmente estas poderiam ser; é daí que resulta a distinção entre qualidades primárias e secundárias, acima mencionada. Com isso, elas estão concluídas, e surge agora para elas um mundo objetivo no espaço, de puras coisas-em-si, que é por certo incolor, inodoro, sem ruído, nem quente, nem frio etc. e todavia extenso, formado, impenetrável, móvel e calculável. Só que eles, como todos os filósofos anteriores, tomaram o axioma em virtude do qual aconteceu aquela passagem do interior para o exterior e toda aquela dedução e instalação das coisas-em-si, portanto, *a lei da causalidade*, como auto-evidente, não submetendo sua validade a nenhuma prova. Contra isso, Hume dirigiu seu ataque cético, pois punha em dúvida a validade daquela lei. Isso porque a experiência, a partir da qual, segundo aquela filosofia, todo nosso conhecimento deve originar-se, nunca pode fornecer a própria conexão causal, mas sempre a mera sucessão dos estados no tempo, portanto nunca uma consequência, mas uma mera sequência, que, como tal, sempre se comprova ser apenas contingente e nunca necessária. Esse argumento difícil de refutar, mas que já contradiz o bom senso, levou Kant a investigar a verdadeira *origem* do conceito de causalidade. Ele descobriu então que esta residia na forma essencial e inata do nosso próprio entendimento — portanto, no sujeito, não, porém, no objeto, já que não nos era trazido de fora. Mas, por meio disso, todo aquele mundo objetivo de Locke e Condillac foi trazido de novo para dentro do sujeito, pois Kant provou que o fio condutor para ele era de origem subjetiva. Assim, tão subjetiva quanto a própria impressão dos sentidos é a regra em consequência da qual uma impressão dos sentidos é concebida como efeito de uma causa. Essa causa é tão-somente aquilo que é intuído como mundo objetivo, já que o sujeito admite um objeto que se encontra no exterior apenas graças à propriedade de seu intelecto, que é a de pressupor uma causa para cada mudança; ele propriamente só o projeta para fora de si, num espaço preparado para essa finalidade, sendo tal espaço, ele próprio, um produto de sua constituição própria e originária, tanto quanto a impressão específica nos órgãos dos sentidos que dá ensejo a que todo o processo ocorra. Desse modo, aquele mundo objetivo de coisas-em-si de Locke foi transformado por Kant num mundo de meros fenômenos no nosso aparato cognitivo e isso, de modo tão mais completo, na medida em que tanto o espaço no qual ele se manifesta, quanto o tempo, no qual ele passa, foram provados por Kant como sendo de inegável origem subjetiva.

Apesar de tudo isso, porém, Kant deixou, tal como Locke, que a coisa-em-si subsistisse — quer dizer, que algo existisse independentemente de nossas representações, que, como tais, só nos fornecem fenômenos — e que estivesse no fundamento desses fenômenos. Embora Kant, também aqui, tivesse certamente razão, não se pode derivar, no entanto, a justificação para isso dos princípios que estabeleceu. Eis o calcanhar de Aquiles de sua filosofia, que teve de perder, por meio da prova daquela inconsequência, o reconhecimento já obtido de sua validade e verdade incondicionais. Mas, em última instância, foi por isso injustiçada. Pois a admissão de uma coisa-em-si detrás dos fenômenos, de um caroço real sob tantas cascas, não é de nenhum modo inverídica, e seria muito mais absurda a negação dela. Mas apenas a maneira pela qual Kant introduziu uma tal coisa-em-si e procurou uni-la com seus princípios é que foi errônea. No fundo foi apenas sua exposição (tomada esta palavra no seu sentido mais abrangente) da questão, não ela própria, que foi derrubada pelos seus opositores e, neste sentido, pode-se dizer que a argumentação que se fez valer contra ele foi propriamente *ad hominem* e não *ad rem*.[49] Em todo caso, o provérbio indiano "não há lótus sem caule", encontra aqui de novo aplicação. Kant foi guiado pela verdade, sentida de modo seguro, que diz que detrás de cada fenômeno está um ser em si mesmo do qual o fenômeno recebe sua consistência e, portanto, que algo representado está por detrás da representação. Resolveu, porém, derivá-lo da própria representação por meio da consulta de suas leis que nos são *a priori* conhecidas, mas que, justamente por serem *a priori*, não podem levar a algo que seja independente ou diferente do fenômeno ou da representação; assim, para chegarmos a esse algo, temos de seguir um caminho totalmente diferente. As inconsequências em que Kant se enredou por meio da via errada que tomou em vista disso foram-lhe demonstradas por Gottlob Ernst Schulze, que explicou a coisa no seu estilo pesado e prolixo, primeiro anonimamente no *Enesidemo* e mais tarde na *Crítica da filosofia teórica*, v. 2, pp. 205 ss.), contra o que Reinhold conduziu a defesa de Kant, embora sem particular sucesso, de modo que aqui temos de nos contentar com o *"haec potuisse dici et non potuisse refelli"* [isto poderia ser afirmado e não poderia ser refutado].

Quero aqui pôr em relevo claramente, de uma vez por todas, a meu modo, o propriamente essencial da questão que está no fundo de toda a controvérsia, independentemente da concepção que Schulze tem dela. Kant nunca forneceu uma rigorosa dedução da coisa-em-si; antes, tomou-a de seus predecessores, particularmente de Locke, e a conservou como algo de cuja existência não se pode duvidar, já que é algo auto-evidente. De uma certa maneira ele precisou fazer isso: de acordo com a descoberta de Kant nosso conhecimento empírico contém um elemento que é comprovadamente de origem subjetiva e um outro, para o qual isso não vale. Este último permanece, portanto, como objetivo, porque não há nenhuma razão para considerá-lo

---

[49] O argumento *ad hominem* vale apenas contra o adversário que se combate, seja ele fundado sobre um erro, uma inconsequência ou uma concessão do adversário, seja visando tal detalhe particular à individualidade ou à doutrina deste (*Dicionário Lalande*). O argumento *ad rem* se refere à própria questão, tendo pois valor objetivo. (N.T.)

subjetivo.[50] De acordo com isso, o idealismo transcendental de Kant nega a essência objetiva das coisas ou a realidade delas independente da nossa apreensão, certamente até onde se estende o *a priori* em nosso conhecimento. Não mais adiante, todavia, porque o fundamento para negá-la não vai mais longe. Ele deixa ficar o que está além disso e, assim, todas aquelas propriedades das coisas que não se deixam construir *a priori*. Pois a totalidade da essência dos fenômenos dados, quer dizer, o mundo corpóreo, não é de modo algum determinável por nós *a priori*, mas só o é a forma universal de seu fenômeno, e essa pode ser reduzida ao espaço, tempo e causalidade, junto com a conformidade a leis dessas três formas. Em contrapartida, o que foi deixado indeterminado por aquelas três formas existentes *a priori*, aquilo portanto que é contingente em relação a elas, é a própria manifestação da coisa-em-si mesma. Assim, o conteúdo empírico dos fenômenos, isto é, toda determinação mais próxima deles, toda qualidade física que neles aparece, não pode ser conhecida de outro modo a não ser *a posteriori*: essas propriedades empíricas (ou, antes, as suas fontes comuns) são pois deixadas para a coisa-em-si mesma como manifestações de seu próprio ser específico por meio de todas aquelas formas *a priori*. Esse *a posteriori* que aparece em cada fenômeno, como que envolto no *a priori*, mas que no entanto confere a cada ser seu caráter específico e individual, é, de acordo com isso, a *matéria* do mundo fenomênico em oposição à sua *forma*. Ora, essa matéria não pode de modo algum ser derivada daquelas formas do fenômeno que se prendem ao sujeito e que foram tão cuidadosamente buscadas por Kant e provadas corretamente por meio do sinal do apriorismo, mas ela, em contrapartida, ainda permanece depois da abstração de tudo o que decorre dessas formas e é portanto estabelecida como um segundo elemento totalmente distinto do fenômeno empírico e como

---

[50] Toda coisa tem duas espécies de *propriedades*: aquelas que podem ser conhecidas *a priori* e aquelas que só podem ser conhecidas *a posteriori*; as primeiras nascem do intelecto que as concebe; as segundas, a partir do ser em si das coisas, que é aquilo que encontramos em nós como sendo vontade. [Nota da E. Hayn.]

um acréscimo alheio àquelas formas. Por outro lado também essa matéria não provém, de modo algum, do arbítrio do sujeito cognoscente, mas antes contrapõe-se frequentemente a ele. Logo, Kant não tem a menor dúvida em deixar essa *matéria* do fenômeno para a coisa-em-si mesma, vendo-a assim como vinda de fora — isso porque ela teria de vir de algum lugar ou, como se expressa Kant, tem de ter algum fundamento. Já que não podemos isolar aquelas propriedades só cognoscíveis *a posteriori* e não as podemos conceber inteiramente separadas e purificadas do que é certo *a priori*, pois aparecem sempre envoltas neste, então Kant ensina que conhecemos por certo a *existência* das coisas-em-si, mas nada além disso e, portanto, só sabemos *que* (*dass*) elas são, mas não *o que* (*was*) são. É por isso que o *ser* da coisa-em-si fica para Kant como uma grandeza desconhecida, como um X. Pois a *forma* do fenômeno reveste e esconde sempre o ser da coisa-em-si mesma. Pode-se no máximo dizer que aquelas formas *a priori* pertencem sem distinção a todas as coisas enquanto fenômenos, já que surgem de nosso intelecto, mas que as coisas mostram ao mesmo tempo diferenças muito significativas. Assim, aquilo que determina essas diferenças e, portanto, as diferenças específicas das coisas é a coisa-em-si mesma.

Vendo-se a dessa maneira, a admissão e a pressuposição da coisa-em-si em Kant, abstraindo a subjetividade de nossas formas do conhecimento, parecem legítimas e bem fundamentadas. No entanto, isso mostra-se insustentável, quando seu único argumento — o conteúdo empírico em todo fenômeno — é examinado corretamente e reconduzido à sua origem. Certamente, aliás, existe, no conhecimento empírico e na sua fonte, a representação intuitiva, uma *matéria*[51] independente

---

[51] Por matéria estamos traduzindo a palavra alemã *Stoff*, que quer dizer matéria, massa, algo informe; essa palavra corresponde ao francês *étoffe* e ao português *estofo*, material de que algo é feito, recheio ou conteúdo. Talvez Schopenhauer empregue aqui essa palavra em vez de matéria (*Materie*) para evitar que isso que se refere ao em-si não seja considerado como a matéria (*Materie*), conceito bem determinado, e que se refere ao mundo como representação. (N.T.)

da forma que nos é conhecida *a priori*. A próxima questão é se essa matéria tem uma origem objetiva ou subjetiva, uma vez que só no primeiro caso ela pode garantir a coisa-em-si. Vamos por isso até suas origens; não a encontraremos então em nenhum outro lugar a não ser na nossa *impressão dos sentidos*. Pois uma modificação que ocorre na retina do olho ou nos nervos auditivos ou na ponta dos dedos é o que introduz a representação intuitiva, quer dizer, põe em funcionamento todo aparato das nossas formas de conhecimento já prontas *a priori*, cujo resultado é a percepção de um objeto exterior. Aliás, a cada modificação sentida nos órgãos dos sentidos é aplicada, em primeiro lugar, a *lei da causalidade* por meio de uma necessária e inevitável função *a priori* do entendimento. Esta leva com sua segurança e certeza apriorística a uma *causa* daquela modificação, que, não estando no arbítrio do sujeito, apresenta-se então para ele como algo *exterior*, uma propriedade que só recebe sua significação por meio da forma do *espaço*, sendo este último, porém, igualmente acrescentado pelo próprio intelecto para essa finalidade. A partir disso, portanto, aquela *causa* necessariamente pressuposta logo se apresenta intuitivamente como um *objeto* no espaço, que traz como suas propriedades as modificações por ela efetuadas em nossos órgãos dos sentidos. Todo esse processo se encontra detalhada e profundamente exposto na segunda edição de minha dissertação *Sobre o princípio de razão*, §21. Mas a impressão dos sentidos, que dá o ponto de partida para este acontecimento e que fornece indiscutivelmente toda a *matéria* para a intuição empírica, é de fato algo totalmente subjetivo; assim como também o conjunto das *formas* de conhecimento, por meio das quais o mundo objetivo nasce de uma matéria e depois é projetado para fora, de acordo com a prova correta de Kant, têm sempre origem subjetiva; logo, é claro que tanto a matéria como a forma da intuição subjetiva surgem a partir do sujeito. De acordo com isso todo nosso conhecimento empírico se decompõe em duas partes, que têm ambas sua origem *em nós próprios*, a saber, a impressão dos sentidos e as formas dadas *a priori* e, portanto, nas formas postas nas funções de nosso intelecto ou cérebro, que são: espaço, tempo e causalidade, às quais Kant, além disso, acrescentou ainda outras onze categorias do entendimento, provadas por mim como supérfluas e inadmissíveis. Consequentemente, a representação intuitiva e o nosso conhecimento empírico que nela se apoia não oferecem verdadeiramente nenhum elemento para a inferência de coisas em si, e Kant não estava autorizado, de acordo com seus princípios, a admiti-las. Como todas as antecessoras, também a filosofia de Locke tomou a lei da causalidade como algo absoluto, estando por isso justificado a inferir, a partir da impressão dos sentidos, coisas externas efetivamente existentes e independentes de nós. Essa passagem do efeito para a causa é, todavia, o único caminho para ir diretamente do que é dado subjetiva e internamente ao se apresenta externa e objetivamente. Porém, depois que Kant reivindicou a lei da causalidade para a forma de conhecimento do sujeito, esse caminho fechou-se para ele. Ele mesmo também advertiu suficientemente para não se fazer um uso transcendente da categoria da causalidade, quer dizer, um uso que ultrapasse a experiência e a sua possibilidade.

A coisa-em-si, com efeito, nunca mais pôde ser alcançada por essa via e principalmente pelo caminho do puro conhecimento *objetivo* que, como tal, permanece sempre como representação, enraizando-se assim no sujeito e não podendo nunca fornecer algo realmente diverso da representação. Mas só se pode chegar à coisa-em-si se, de uma vez por todas, *desloca-se o ponto de vista*, i.é., se, ao invés de partir, como se fez até agora, do que *representa*, parte-se, por uma vez, daquilo *que é representado*. Isso, porém, só é possível por meio de uma única coisa que, como tal, é acessível a cada um de dentro e, assim, é dada de modo duplo: é o seu próprio corpo que existe no mundo objetivo também como representação no espaço, mas que, ao mesmo tempo, se anuncia para a própria *consciência de si* como sendo *vontade*. Desse modo, pois, a vontade fornece a chave, primeiramente, para o entendimento de todas as suas ações e movimentos produzidos por causas (aqui, motivos) exteriores, os quais, sem essa penetração interna e imediata no seu ser, pernaneceriam para nós tão incompreensíveis e inexplicáveis como as modificações dos demais corpos, dados a nós apenas na intuição objetiva, as quais ocorrem de acordo com as leis da natureza e como exteriorizações das forças da natureza. Em segundo lugar, a vontade fornece a chave para a compreensão do *substrato* permanente de todas essas ações, no qual se enraízam as forças para realizá-las — portanto, a chave para o próprio corpo. Esse conhecimento imediato, que cada um tem do ser de seu próprio fenômeno que é, além disso, dado a ele só na intuição objetiva, do mesmo modo que todos os outros, tem em seguida de ser transposto analogicamente para todos os fenômenos restantes, dados somente da última maneira, tornando-se então a chave para o conhecimento do ser interno das coisas, quer dizer, da coisa-em-si mesma. Só se pode, portanto, chegar a esta por um caminho totalmente diferente do *conhecimento* objetivo, que permanece mera representação, ou seja, pedindo ajuda à *autoconsciência* do sujeito do conhecimento que só se apresenta como indivíduo animal e fazendo dela o intérprete da *consciência das outras coisas*, isto é, do intelecto intuicionante. Esse é o caminho que percorri e é o único certo, o portal estreito para a verdade.

Ora, ao invés de seguir-se esse caminho, confundiu-se a exposição kantiana com a essência da coisa, acreditou-se que, estando aquela refutada, também esta o estaria; tomou-se o que eram apenas *argumenta ad hominem* por *argumenta ad rem* e declarou-se a filosofia de Kant como insustentável devido aos ataques de Schulze.[52] — Com isso o caminho ficou livre

---

[52] Gottlob Ernst Schulze, 1761-1833, filósofo cético alemão, autor do *Enesidemo*, texto que surgiu apocrifamente em 1792. Schulze, seguindo a objeção de Jacobi a Kant, aponta uma petição de princípio no fato de Kant ter admitido que nosso conhecimento começa com a ação de objetos sobre nossos sentidos. Schulze aponta uma contradição entre as premissas e os resultados da Crítica, a saber: os resultados da Dedução Transcendental das categorias mostram que as categorias de causa e realidade só se aplicam a intuições empíricas; assim o objeto que afeta a nossa sensibilidade tem

para os sofistas e para os cabeças-de-vento. Como o primeiro dessa espécie, surge Fichte, que, já que a coisa-em-si estava em descrédito, preparou depressa um sistema sem qualquer coisa--em-si, rejeitando com isso a admissão de qualquer coisa que não fosse inteiramente apenas nossa representação e deixando, assim, o sujeito cognoscente ser tudo ou tudo produzir a partir de seus próprios recursos. Para esse fim ele suprimiu, ao mesmo tempo, o mais essencial e meritório da doutrina kantiana, a diferenciação entre o *a priori* e o *a posteriori* e, portanto, aquela entre o fenômeno e a coisa-em-si, já que tomou tudo como *a priori*, naturalmente sem ter provas para tal afirmação monstruosa. Ao invés dessas provas, deu, em parte, demonstrações aparentes, sofísticas, e até mesmo desvairadas, cujo absurdo ocultou-se sob a máscara da profundidade e da suposta incompreensibilidade que daí se originam e, em parte, apelou de modo franco e insolente para a intuição intelectual, quer dizer, para a inspiração. Isso foi certamente suficiente para um público — sem qualquer capacidade de julgar e indigno de Kant — tomar o excesso pela excelência, declarando que Fichte era, por isso, um filósofo ainda muito maior do que Kant. Até mesmo nos dias de hoje não faltam escritores filosóficos que se esforçam em fazer com que a nova geração também engula aquela falsa fama de Fichte, assegurando bem seriamente que aquilo que Kant apenas tentou foi realizado por Fichte: *ele* é que estaria mesmo certo. Esses senhores manifestam de modo claramente palpável, com o seu juízo de Midas[53] em segunda instância, sua total incapacidade de entender algo de Kant e, até mesmo, sua deplorável insensatez. Espero que a geração vindoura, finalmente desiludida, evite arruinar seu tempo e

de ser algo diverso dela, não podendo ser a ele aplicadas as categorias de causa e realidade.

[53] Midas, rei da Frígia, tinha, de acordo com a lenda, o dom de transformar tudo que tocasse em ouro. O julgamento a que o autor se refere é aquele em que o rei Midas se pronunciou a favor de Marsyas (Pã), preferindo-o a Apolo e sendo, por causa desse juízo equivocado, castigado por Apolo, que fez com que crescessem na sua cabeça duas orelhas de burro.

sua cabeça com a suas incontáveis histórias da filosofia e outras escrevinhações. — Nesta ocasião, quero lembrar um pequeno escrito, no qual se pode ver a impressão que a aparência pessoal de Fichte e a sua conduta causaram nos contemporâneos imparciais: chama-se *Kabinett Berliner Karaktere* (*Estudo dos caracteres berlinenses*), que apareceu em 1808, sem lugar de impressão — deve ser de Buchholz, mas não tenho certeza. Compare-se com o que o jurista Anselm von Feuerbach diz de Fichte, nas cartas publicadas por seu filho em 1852,[54] e também a *Schillers und Fichtes Briefwechsel* (*Correspondência entre Schiller e Fichte*), (1847),[55] e se terá uma ideia correta desse simulacro de filósofo.

Não demorou para que Schelling, digno de seu predecessor, seguisse as pegadas de Fichte, a quem todavia abandonou para anunciar sua própria descoberta, a identidade absoluta do subjetivo e do objetivo ou do ideal e do real, da qual se segue que tudo o que espíritos raros, como Locke e Kant, haviam separado, com incrível gasto de perspicácia e reflexão, era para ser despejado de novo na papa daquela identidade absoluta. Pois a doutrina desses dois pensadores pode ser bem apropriadamente designada como aquelas da *absoluta diversidade do ideal e do real ou do subjetivo e objetivo*. Agora, porém, segue-se adiante de extravio em extravio. Uma vez que Fichte introduziu a incompreensibilidade do discurso e pôs a aparência de profundidade no lugar do pensamento, disseminou-se a semente da qual brotou uma corrupção depois da outra e, finalmente, a desmoralização completa da filosofia e, por meio dela, a de toda a literatura que desabrochou nos dias de hoje.[56]

---

[54] Carta de 31 de janeiro de 1799.

[55] Carta de Schiller de 24 de junho de 1793, na qual ele rejeita a dissertação "Sobre o espírito e a letra na filosofia" para os cursos.

[56] Hoje em dia o estudo da filosofia kantiana tem a especial utilidade de ensinar o quão profundamente afundou a literatura filosófica na Alemanha, desde a *Crítica da razão pura*: tão grande é o contraste de suas investigações profundas com a rude conversa fiada de hoje, na qual de um lado se crê ouvir candidatos esperançosos e, de outro, aprendizes de barbeiro.

A Schelling seguiu-se uma criatura filosófica ministerial, Hegel, que a serviço de objetivos políticos e, de mais a mais, equivocados, recebeu, de cima para baixo, a chancela de grande filósofo — um charlatão raso, sem espírito, repulsivamente desagradável, ignorante, que, com arrogância sem par,compilou desvarios e disparates, que foram trombeteados pelos seus venais seguidores como sabedoria imortal e tomados como tal por idiotas, surgindo com isso um coro tão completo de admiração, como nunca antes se ouvira.[57] A ampla eficácia espiritual que aquele homem conseguiu à força teve como consequência a corrupção intelectual de toda uma geração de letrados. O sarcasmo da posteridade aguarda o admirador daquela pseudofilosofia, que já é antecipado pela zombaria, deliciosa de ouvir, dos *vizinhos*. Ou não deveria ela soar bem aos meus ouvidos, quando a nação — cuja casta erudita considerou minhas produções durante trinta anos como não sendo nada e ainda menos que nada, e nem mesmo digna de um olhar — ganha dos vizinhos a fama de ter honrado e mesmo divinizado algo totalmente ruim, absurdo, disparatado, a serviço de alvos materiais, como sendo a mais alta e inaudita sabedoria? Devo também como bom patriota fazer elogios aos alemães e alegrar--me por ter pertencido a esta e não a qualquer outra nação? Mas é como diz um provérbio espanhol: "Cada uno cuenta de la feria, como le ve en ella" (Cada um conta da feira de acordo como foi para si). Ide aos democolacas[58] e deixai que vos elogiem. Hábeis charlatães, grosseiros, apadrinhados pelos ministros, atrevidos borradores de disparates, isto é o que pertence aos alemães, e não gente como eu. Este é o testemunho que tenho de lhes dar de despedida. Wieland (*Brief an Merck*, p. 239) considera uma infelicidade ter nascido alemão. Bürger, Mozart, Beethoven e outros mais teriam concordado com ele e dito: eu também. Isso baseia-se no fato de que σοφὸν εἶναι δεῖ τὸν ἐπιγνωσόμενον

---

[57] Veja-se o prefácio dos meus *Problemas fundamentais da ética*.

[58] Aduladores do povo; comparar com Dionísio de Halicarnasso: *Antiquitates romanae*, 6, 60.

τὸν σοφόν [é preciso ser sábio para reconhecer os sábios][59] ou: "il n'y a que d'esprit qui sente l'esprit" [só o espírito percebe o espírito].[60]

A *Dialética transcendental* pertence inquestionavelmente às mais brilhantes e meritórias páginas da filosofia kantiana. Por meio dela, ele derrubou desde seus fundamentos a teologia e a psicologia especulativas de tal modo que, desde então, não se esteve mais em condições, mesmo com a maior boa vontade, de pô-las de pé novamente. Que boa ação para o espírito humano! Ou não vemos, durante todo o período que vai desde o reviver das ciências até Kant, os pensamentos, mesmo dos maiores homens, tomarem uma direção enviesada e mesmo desconjuntarem-se completamente como consequência daquelas duas pressuposições simplesmente intocáveis, paralisadoras de todo o espírito, que, primeiro, fica privado de toda investigação e depois morre para ela? Não estaria toda a primeira e essencial visão fundamental que temos de nós mesmos torcida e falseada, quando partimos do pressuposto de que tudo que vem de fora é produzido e arranjado de acordo com conceitos e desígnios pensados por um ser pessoal e, assim, individual? — e igualmente, quando partimos do pressuposto que a essência fundante do homem é algo que pensa e que consiste de duas partes totalmente heterogêneas que se teriam juntado e soldado, sem se saber como, e, então, teriam de se dar uma com a outra da melhor maneira possível para logo, novamente, *nolentes volentes* [querendo ou não] separarem-se para sempre? O quão fortemente a crítica kantiana dessa representação e de seus fundamentos fez efeito em todas as ciências torna-se evidente pelo fato de que, desde então, pelo menos na alta literatura alemã, aquelas pressuposições ainda aparecem apenas num sentido figurado e não são mais tomadas seriamente, sendo deixadas para os escritos populares e para os professores de filosofia que com elas ganham seu pão. Especialmente nossas obras de

[59] Xenófanes em Diógenes Laércio, 9, 20
[60] Helvetius: *De l'esprit*, 2, cap. 4, alínea 5.

ciência da natureza se mantêm livres delas, enquanto que, em contrapartida, as obras inglesas se degradam aos nossos olhos por meio de modos de falar e de diatribes que aludem a essas pressuposições ou por meio de apologias.[61] Logo antes de Kant, as coisas eram sob este aspecto bem diferentes: assim vemos Lichtenberg, cuja formação juvenil ainda era pré-kantiana, no seu ensaio *Sobre a fisiognomia*, estabelecer aquela oposição entre alma e corpo, honesta e convictamente, estragando com isso seu trabalho.

Quem considera esse alto valor da *Dialética transcendental* não irá achar supérfluo que eu entre aqui em algo mais específico sobre ela. Primeiramente, proponho aos conhecedores e amantes da crítica da razão a tentativa de compreender de modo totalmente outro e por conseguinte de criticar, na *Crítica da psicologia racional* — tal como aparece completa apenas na primeira edição, ao passo que nas seguintes aparece mutilada — o argumento que é criticado sob o título de *Paralogismo da personalidade* (pp. 361 e ss. da mesma edição). Pois a exposição certamente profunda que Kant faz dele não é apenas extremamente sutil e de difícil entendimento, mas tem de ser censurada por tomar, repentinamente e sem autorização, o objeto da consciência de si ou, na linguagem de Kant, do sentido interno, como sendo objeto de uma consciência alheia e, até mesmo, de uma intuição exterior, para depois julgá-lo de acordo com as leis e analogias do mundo corpóreo e também por permitir que se admitam dois tempos diferentes que não se harmonizam (p. 363): um na consciência daquele que é julgado, e outro na consciência

---

[61] Entre nós as coisas mudaram desde que o que está acima foi escrito. Em consequência da ressurreição do materialismo arcaico e já dez vezes detonado, filósofos surgiram das farmácias e das clínicas, gente que não aprendeu nada, a não ser aquilo que tem a ver com sua profissão e que agora bem inocente e honestamente, como se Kant tivesse acabado de nascer, ensinam sua especulação de velhas senhoras e disputam sobre "corpo e alma", e suas relações recíprocas, e até mesmo (*credite posteri* [acreditai, posteridade], Horácio, *Carmina*, 2, 19, 2) demonstram que o lugar da mencionada alma é no cérebro. Sua audácia merece a admoestação de que se deve ter aprendido algo para poder meter-se na conversa e que eles seriam mais espertos, não se expondo a desagradáveis alusões aos emplastros e ao catecismo. [Nota de Frauenstädt.]

do que julga. — Eu daria, portanto, ao mencionado argumento da personalidade uma feição bem diferente, expondo-o, assim, nas duas proposições que se seguem:

1. Pode-se estabelecer a respeito de todo movimento em geral, de qualquer espécie que seja, que ele só se torna perceptível por meio da comparação com algo em repouso, donde se segue que também o correr do tempo, com tudo o que está nele, não poderia ser percebido se não houvesse algo que não tivesse qualquer participação nele e com cujo repouso não pudéssemos comparar o seu movimento. Aqui, certamente, julgamos de acordo com a analogia do movimento no espaço: mas tempo e espaço têm de servir sempre para explicar um ao outro reciprocamente, por isso sempre temos de nos representar o tempo por meio da imagem de uma linha reta para construi-lo *a priori*, apreendendo-o intuitivamente. De acordo com isso, não podemos nos representar que, se tudo na nossa consciência se afastasse, ao mesmo tempo e conjuntamente, no fluxo do tempo, este retrocesso ainda seria perceptível, mas, para isso, teríamos de pressupor algo firme, em relação a que fluísse o tempo com seu conteúdo. Para a intuição do sentido interno, é a matéria que se presta a isso, sendo a substância que permanece sob a mudança dos acidentes, como também descreve Kant, na *Primeira analogia da experiência* (p. 183 da primeira edição). É todavia nesse mesmo lugar que ele comete o intolerável erro, já censurado por mim noutro ponto e que contradiz a sua própria doutrina, de dizer que não é o próprio tempo que flui, mas somente os fenômenos que estão nele. O fato de que isso seja fundamentalmente falso é provado pela firme certeza que mora dentro de nós, de que se, de repente, todas as coisas no céu e na terra ficassem em repouso, ainda assim o tempo, imperturbável, prosseguiria seu curso. De tal modo que, se a natureza mais tarde retomasse seu curso, a pergunta a respeito da duração da pausa havida seria de per si suscetível de uma resposta bem precisa. Se fosse diferente, então o tempo teria de ficar parado com o relógio e passar, se este andasse. Mas justo esse estado

de coisas, juntamente com a nossa certeza *a priori* sobre ele, prova irretorquivelmente que o tempo tem o seu transcorrer, e portanto seu ser, na nossa mente e não fora dela. — No âmbito da intuição externa, disse eu, o duradouro é a matéria; em contrapartida, no nosso argumento da personalidade trata-se apenas da percepção do sentido *interno*, na qual também será ainda admitida a do sentido externo. Por isso disse eu que, se nossa consciência com todo seu conteúdo também prosseguisse simetricamente na corrente do tempo, não poderíamos nos aperceber desse movimento. Para isso, portanto, tem de haver algo de imóvel na própria consciência. Isso, porém, não pode ser outra coisa senão o próprio sujeito do conhecimento, como sendo aquele que observa, imperturbável e imutável, o correr do tempo e a mudança de seu conteúdo. Diante de seu olhar a vida transcorre até o fim como uma peça de teatro. O quão pouco ele participa desse curso torna-se até mesmo perceptível para nós, quando na velhice as cenas da juventude e da infância presentificam-se vividamente para nós.

2. Internamente, na autoconsciência, ou, para falar como Kant, por meio do sentido interno, conheço-me apenas no *tempo*. Ora, pode ser porém que, considerado *objetivamente*, no mero tempo apenas, não se dê nada permanente. Porque um permanente pressupõe uma duração; esta, porém, uma simultaneidade; e esta, de novo, o *espaço* (a fundamentação dessa proposição se encontra na minha dissertação *Sobre o princípio de razão*, segunda edição, parágrafo 18, como também no *Mundo como vontade e representação*, segunda edição, v. I, parágrafo 4, pp. 10, 11 e 531. Apesar disso tudo, porém, encontro-me de fato como sendo o que fica, quer dizer, como o substrato de minhas representações, que permanece para sempre em todas as suas mudanças e que se relaciona com essas representações como a matéria com seus acidentes mutáveis, e consequentemente, da mesma forma como esta, também merece o nome de *substância*, e, como é não-espacial, consequentemente inextensa, merece o nome da *substância simples*. Porém, como foi dito, não pode haver

por si mesmo no mero tempo nada duradouro, se a substância em questão não pode, por outro lado, ser percebida pelo sentido externo, consequentemente no *espaço*; então temos de, para pensá-la em relação ao correr do tempo como algo duradouro, admiti-la como estando fora do tempo e dizer de acordo com isso: todo objeto está no tempo; porém, em contrapartida, o próprio sujeito que conhece não está nele. Já que fora do tempo não há qualquer cessação ou fim, então teríamos no sujeito que está em nós uma substância duradoura, que todavia não é nem espacial, nem temporal, sendo consequentemente indestrutível.

Para demonstrar como um paralogismo o argumento do tempo, assim compreendido, se teria de dizer que a segunda proposição do mesmo se utiliza de um fato empírico que contradiz essa outra, que afirma que o sujeito do conhecimento está ligado à vida e até ao estar desperto, e que sua continuidade durante ambos esses estados não prova de modo nenhum que ele possa também subsistir fora deles. Pois essa permanência fática para a duração do estado consciente está ainda muito longe e é mesmo totalmente diferente da permanência da matéria (dessa origem e única realização do conceito de *substância*), que nós conhecemos na intuição. E não reconhecemos apenas a sua duração fática, mas também, *a priori*, sua necessária indestrutibilidade e a impossibilidade de sua aniquilação. Mas é por analogia com essa substância verdadeiramente indestrutível que podemos admitir em nós uma *substância pensante,* que seria portanto de uma duração sem fim. Abstraindo do fato de que esta última seria a analogia com um mero fenômeno (da matéria), assim, o erro que a razão dialética comete na prova acima consiste em que ela trata a permanência do sujeito na mudança de todas suas representações no tempo, do mesmo modo como a permanência da matéria que nos é dada na intuição, compreendendo, pois, ambas no conceito de substância. Isso para que se atribua tudo o que se pode dizer *a priori* da matéria, embora sob a condição da intuição, ou seja, a continuidade em todo tempo, também àquela suposta substância imaterial, muito embora a permanência desta dependa exclusivamente do fato de que seja aceita como não estando em nenhum tempo, quanto mais em todo tempo, o que resulta no fato de que as condições da intuição, mediante as quais a indestrutibilidade da matéria é afirmada *a priori*, sejam aqui expressamente suprimidas, especialmente a espacialidade da mesma. Porém a permanência dela repousa sobre esta (de acordo com as mesmas passagens do meu texto acima citadas).

A respeito das provas da imortalidade da alma a partir da admitida *simplicidade* dela e sua consequente *indissolubilidade,* por meio da qual é excluída a única forma possível de decadência, pode-se dizer que todas as leis sobre nascimento, perecimento, mudança, permanência, e assim por diante, que conhecemos, seja *a priori*, seja *a posteriori*, só valem inteiramente para o *mundo corporal*, dado objetivamente e, ainda por cima, condicionado pelo nosso intelecto. Logo que saímos dele e falamos de seres *imateriais*, não temos mais justificativa para aplicar aquelas leis e regras a fim de afirmar como é possível ou não o nascer e o perecer de tais seres. Aí nos falta o fio de prumo. Com isso estão cortadas todas as provas semelhantes da imortalidade a partir da simplicidade da substância pensante. Pois a anfibolia reside em se falar de uma substância imaterial e, depois, se introduzirem as leis da substância material para que sejam aplicadas àquela.

Entretanto, o paralogismo da personalidade, como eu o concebi, dá no seu primeiro argumento a prova *a priori* de que em nossa consciência tem de haver algo permanente e, no segundo, o demonstra *a posteriori*. No todo, parece ter aqui sua raiz a verdade que está por via de regra no fundo de todo erro, também no da psicologia racional. Essa verdade é que, mesmo na nossa consciência empírica, um ponto eterno pode ser certamente provado, mas também só um ponto, e apenas provado, sem que se obtenha daí mais material para demonstrações subsequentes. Remeto-me aqui à minha própria doutrina, de acordo com a qual o sujeito do conhecimento é o que conhece tudo, mas não é conhecido. E assim o apreendemos como sendo o ponto fixo, através do qual transcorre o tempo com todas as suas representações, já que seu próprio curso por certo só pode ser conhecido em oposição a algo que permanece. Chamei-o o ponto de contato do objeto com o sujeito. O sujeito do conhecimento é para mim tanto quanto o corpo, no qual ele se manifesta objetivamente como sua função cerebral, fenômeno da vontade, a qual, sendo a única coisa-em-si, é aqui o substrato do correlato de todos os fenômenos, isto é, do sujeito do conhecimento.

Se agora nos voltarmos para a *cosmologia racional*, então descobriremos nas suas antinomias as expressões pregnantes da perplexidade que surge do princípio de razão e que levou a filosofar desde tempos imemoriais. Destacar isso por um outro caminho, mais clara e diretamente do que lá ocorre, é o intuito da exposição que se segue, a qual não opera de forma meramente dialética com conceitos abstratos, como a kantiana, mas volta-se imediatamente para a consciência intuicionante.

O *tempo* não pode ter nenhum começo, e nenhuma *causa* pode ser a primeira. Ambas as proposições são certas *a priori* e portanto inquestionáveis: pois todo começo está *no* tempo e o pressupõe, e cada causa precisa ter uma causa anterior atrás de si, cujo efeito ela é. Como poderia então ter-se dado um primeiro começo do mundo e das coisas? (Consequentemente o primeiro versículo do Pentateuco aparece como uma *petitio principii*, no sentido mais literal da palavra.) Mas, então, por outro lado: se um primeiro começo *não* houvesse sido, então o presente real de agora não seria *só agora*, mas já teria acontecido *há muito tempo*: pois entre ele e o primeiro começo teríamos de admitir algum espaço de tempo, embora limitado e determinado, que, porém, se negássemos o começo, quer dizer, se o movêssemos para o infinito, também se moveria junto. Mas, mesmo *se* puséssemos um primeiro começo, isso também não nos ajudaria, pois teríamos então cortado a cadeia causal arbitrariamente, e o mero tempo se mostraria uma dificuldade para nós. Ou seja, a pergunta sempre renovada "por que aquele primeiro começo não se apresentou antes?" o empurraria passo a passo, cada vez mais longe no tempo sem começo, por meio do que, então, a cadeia das causas que estão entre ele e nós seria elevada a uma tal altura que nunca poderia tornar-se suficientemente longa para baixar até o presente de agora, assim, ela sempre *ainda não* o alcançaria. Isso é contradito pelo fato de que este presente já *existe* realmente e que até mesmo constitui o nosso único dado para o cálculo. Mas a justificativa para a tão incomoda pergunta acima feita surge de que o primeiro começo, enquanto tal, não pressupõe nenhuma causa prévia a ele e, por isso mesmo, poderia ter ocorrido trilhões de anos antes. Ou seja, se não precisasse de nenhuma causa para ocorrer, então não teria de esperar por nenhuma e haveria, pois, de ter ocorrido já infinitamente antes, porque não haveria nada que o impedisse. Pois, se nada precisasse preceder como causa o primeiro começo, também nada o precederia como seu impedimento. Ele não teria portanto de esperar por nada e nunca aconteceria suficientemente cedo. Por isso, seja qual for o ponto em que seja posto, nunca é possível saber por que já não teria acontecido muito antes. Isso portanto faz com que regrida sempre mais: mas, justo porque o próprio tempo não pode nunca ter um começo, então transcorreu sempre um tempo infinito, uma eternidade até o presente momento. Portanto o regredir do começo do mundo é algo infinito, de modo que, dele até nós, toda série causal resulta muito curta, em razão do que nós nunca conseguiremos chegar a partir dele até o presente. Isso vem do fato de que nos falta um ponto de referência (*point d'attache*) dado e firme, por isso o admitimos arbitrariamente em qualquer lugar, mas ele sempre escapa de nossas mãos, em direção da infinitude. — Então resulta que, se pusermos um *primeiro começo* e dele partirmos, nunca conseguiremos chegar a partir dele até *o presente.*

Façamos, então, o caminho inverso, partindo do *presente* realmente dado: então não conseguiremos regredir nunca, como já foi anunciado, ao *primeiro começo*; pois cada causa à qual remontamos tem de ser sempre um efeito de uma anterior que, então, encontra-se no mesmo caso, e isso não pode de modo nenhum alcançar um fim. Agora o mundo se torna tão sem começo como o próprio tempo infinito. Nisso nossa imaginação se cansa e nosso entendimento não encontra nenhuma satisfação.

Ambas as visões opostas podem ser comparadas com um bastão do qual se pode pegar facilmente *uma* extremidade, seja qual for, enquanto a outra se alonga sempre para o infinito. Mas o essencial da questão pode ser resumido na proposição que diz que o tempo, como simplesmente infinito, sempre resulta muito grande para um mundo que nele é admitido como *finito*. Porém, no fundo, afirma-se aí novamente a verdade da "antítese" na antinomia kantiana, pois a ausência de começo se apresenta se partirmos da única coisa que é consciente e realmente dada, o presente real; em contrapartida, o primeiro começo será apenas uma suposição arbitrária que não pode, no entanto, ser unificada com aquilo que foi dito ser o único consciente e real, o presente. — De resto, temos de olhar tais considerações como aquelas que descobrem os contra-sensos que decorrem da suposição da realidade absoluta do tempo e, consequentemente, como confirmação da doutrina fundamental de Kant.

A pergunta sobre se o mundo é limitado ou ilimitado em relação ao *espaço* não é simplesmente transcendente: antes, é em si mesma empírica, pois a questão permanece ainda sempre no domínio da experiência possível e é somente por meio de nossa natureza física que somos impedidos de torná-la efetiva. Não há nenhum argumento seguro demonstrável *a priori*, nem para uma, nem para outra alternativa. A questão parece realmente muito semelhante a uma antinomia, ao passo que, tanto numa como noutra suposição, avultam inconvenientes significativos. Ou seja, um mundo limitado no espaço infinito decresce, mesmo que seja bem grande, para uma grandeza infinitamente pequena, e pergunta-se: para que então existe o espaço restante? Por outro lado, não se pode conceber que alguma estrela fixa possa ser a última no espaço. Dito de passagem, os planetas de uma tal estrela teriam, à noite, um céu estrelado, apenas durante uma metade do seu ano, enquanto a outra metade teria porém um céu sem estrelas — o que, decerto, causaria uma impressão bem estranha nos seus moradores. Deixemos portanto que aquela questão assim se expresse: Haverá uma estrela fixa, cujos planetas fiquem nessa condição, ou não? Aqui ela se mostra como manifestamente empírica.

Provei toda suposição das antinomias como falsa e ilusória na minha *Crítica da filosofia kantiana*.[62] Também numa reflexão apropriada todos reconhecerão previamente como impossível que conceitos, extraídos corretamente da experiência e das leis certas *a priori* da mesma e que são depois ligados de acordo com a lógica em juízos e conclusões, devam levar a contradições. Pois, então, teria de haver contradições no próprio fenômeno dado intuitivamente ou na conexão legal de seus membros, o que é uma suposição impossível. Pois o intuitivo como tal não conhece nenhuma contradição, e esta não tem em relação a ele nenhum sentido, nem significado. Pois a contradição apenas existe no conhecimento abstrato da reflexão: pode-se, manifesta ou ocultamente, pôr e não pôr algo ao mesmo tempo, quer dizer, contradizer-se; mas algo real não pode ao mesmo tempo ser e não ser. O contrário do acima dito quiseram certamente demonstrar Zenão de Eleia com seus conhecidos sofismas e também Kant com suas antinomias. Por isso, remeto o leitor à minha crítica deste último.

O mérito de Kant para a *teologia especulativa* já foi acima tocado, no geral. Para destacá-lo ainda mais, quero agora tentar, o mais brevemente possível, tornar o essencial da questão corretamente compreensível, à minha maneira.

Na religião cristã a existência de Deus é uma coisa decidida e acima de todas as investigações. Assim é certo, pois essa existência lhe pertence e é fundada na revelação. Considero, por isso, um erro dos racionalistas tentarem nos seus dogmas provar a existência de Deus de um outro modo que não a partir

---

[62] A *Crítica à filosofia kantiana* foi publicada como apêndice ao *Mundo como vontade e representação*. Está publicada em português na coleção Pensadores, da editora Abril, volume *Schopenhauer*.

das Escrituras. Não sabem na sua inocência o quão perigoso é esse passatempo. A filosofia, em contrapartida, é uma ciência e, como tal, não tem nenhum artigo de fé: consequentemente nela nada deve ser admitido como existente, senão aquilo que ou é empiricamente dado de modo direto, ou provado por meio de conclusões indubitáveis. Acreditava-se, certamente, de há muito possuí-las, quando Kant desencantou o mundo a esse respeito e, até mesmo, provou a impossibilidade dessas provas tão seguramente que, desde então, nenhum filósofo na Alemanha tentou apresentá-las de novo. Para isso, porém, estava inteiramente autorizado. Fez mesmo algo totalmente meritório, pois um dogma teórico que, entre outras coisas, permite qualificar como patifes todos os que não o consideram válido, bem merece ser um dia seriamente examinado.

Em relação àquelas supostas provas, dá-se o seguinte: Já que a *realidade* da existência de Deus não pode ser mostrada por meio de uma prova empírica, então o próximo passo teria de ter sido propriamente o de determinar a *possibilidade* dela, no que já se teriam encontrado dificuldades suficientes. Ao invés da possibilidade, no entanto, empreendeu-se demonstrar até mesmo a sua *necessidade* e, portanto, provar Deus como *ser necessário*. Ora, a necessidade, como já demonstrei por vezes suficientes, sempre nada mais é do que a dependência de uma consequência a partir de sua razão, portanto o sobrevir ou o pôr da consequência, pois a razão está dada. Para isso foi preciso escolher entre as quatro formas por mim demonstradas do princípio de razão, tendo-se achado só as duas primeiras aproveitáveis. De acordo com isso, surgiram duas provas teológicas, a cosmológica e a ontológica: uma, segundo o princípio de razão do devir; a outra, segundo o princípio de razão do conhecer. A primeira quer provar toda *necessidade* como *física* de acordo com a lei da *causalidade*, pois concebe o mundo como um efeito que tem de ter uma *causa*. Logo, é dada como suporte e ajuda a esta prova cosmológica, a físico-teológica. O argumento cosmológico é expresso de modo mais vigoroso na acepção wolffiana: "Se algo

existe, então existe também um ser simplesmente necessário"
— pelo qual se deve entender quer o próprio dado, quer a
primeira das causas, por meio da qual ele chegou à existência.
Admite-se então essa última. Essa prova exibe em primeiro
lugar a fraqueza de ser uma conclusão da consequência a
partir da razão, modo de conclusão de que a lógica já retirou
todas as reivindicações de certeza. Assim, ela ignora que nós,
como já mostrei muitas vezes, só podemos pensar algo como
necessário enquanto for consequência e não enquanto razão de
uma outra coisa dada. Além disso, a lei da causalidade aplicada
dessa maneira prova demais: pois, se tivesse de nos conduzir
do mundo até sua causa, então não nos permitiria permanecer
nesta, mas nos levaria adiante até sua causa e, assim, sempre
em frente, sem piedade, *in infinitum.* Isso está na sua própria
essência. Estamos no mesmo caso que o aprendiz de feiticeiro
de Goethe, cuja criatura nasce por comando, mas depois nunca
mais pára. A isso acrescenta-se o fato de que a força e a validade
da lei da causalidade se estende apenas à *forma* das coisas, e
não à sua matéria. É o fio condutor da mudança das formas e
nada além disso. A matéria permanece intocada por qualquer
surgir e desaparecer das formas, o que discernimos antes de
toda experiência e por isso sabemos com certeza. Finalmente,
sob a prova cosmológica está o argumento transcendental de
que a origem subjetiva demonstrada da lei da causalidade é
aplicável somente aos *fenômenos* para nosso intelecto e não à
essência das *coisas em si mesmas.*[63] Subsidiariamente, é dada

[63] Tomando-se as coisas objetiva e realisticamente, é claro como o sol que o mundo
mantém-se a si mesmo. Os seres orgânicos subsistem e se propagam graças à própria
força de viver interna. Os corpos inorgânicos carregam em si as forças, das quais
a física e a química são apenas as descrições, e os planetas seguem o seu caminho
por forças internas graças à sua inércia e gravitação. Portanto o mundo não precisa
de ninguém fora dele para a sua subsistência. Pois o mesmo é *Vishnu.* Mas dizer
que uma vez no tempo este mundo com todas as suas forças internas não existia,
mas que foi produzido a partir do nada, por uma força que estava fora dele, é uma
ideia preguiçosa e que não é provada por nada; ainda mais que todas suas forças
são ligadas à matéria, cujo surgir e desaparecer não somos capazes de pensar nem
por uma vez. Essa apreensão do mundo tende ao espinosismo. É muito natural que
os homens na sua aflição tenham imaginado, em toda parte, seres que dominassem

em acréscimo à prova cosmológica a *físico-teleológica*, a qual quer ao mesmo tempo conferir, à admissão introduzida pela cosmológica, justificação, confirmação, plausibilidade, cor e forma. Só que ela só pode apresentar-se sob a pressuposição daquela primeira prova, da qual é o esclarecimento e a ampliação. O seu procedimento consiste em elevar aquela primeira causa do mundo, que é pressuposta, à condição de um ser que conhece e que quer, uma vez que ela procura estabelecê-lo por meio da indução a partir das muitas consequências que são esclarecidas por meio de tal razão. A indução, porém, pode, no máximo, dar grande verossimilhança, mas nunca certeza. Além disso, toda a prova é condicionada pela primeira. Se, no entanto, nos aproximarmos, com honestidade, dessa estimada físico-teologia e a examinarmos à luz da minha filosofia, ela então se apresenta como a amplificação de uma falsa visão fundamental da natureza, que rebaixa a aparência *imediata* ou objetivação da vontade a uma aparência meramente *mediata*.[64] Portanto, ao invés de reconhecer no ser da natureza o efetivar da vontade original, dotado de força primordial, sem conhecimento e por isso mesmo infalivelmente seguro, interpreta-o como algo meramente secundário, que acontece apenas à luz do conhecimento e a partir do fio condutor dos motivos. Consequentemente, apreende o que é movido de dentro para fora, como sendo construído, modelado e esculpido de fora. Pois, se a vontade como sendo a coisa-em-si, que *não* é representação de modo algum, apresenta--se no ato de sua objetivação, a partir de sua originariedade, na representação e, se abordamos aquilo que se expõe nesta com a pressuposição de que faça parte do próprio mundo da representação, portanto efetivado por causa do *conhecimento*,

as forças da natureza e o seu curso para poder chamar por eles. Todavia os gregos e os romanos davam-se por satisfeitos com senhores, cada qual no seu domínio, e nunca lhes ocorreu dizer que um dentre eles tivesse criado o mundo e as forças da natureza. [Nota de Frauenstädt.]

[64] Traduzimos aqui *Erscheinung* por aparência e não por fenômeno porque, em Schopenhauer, fenômeno, objeto e repesentação têm o mesmo sentido e, neste caso, como se vê logo a seguir, não se trata de uma representação no seu significado usual, isto é, epistemológico. (N.T.)

então certamente se expõe como algo possível só por meio de um conhecimento infinitamente perfeito, que abrange de uma vez todos os objetos e seu encadeamento, isto é, como uma obra da mais alta sabedoria. Sobre isso remeto à minha dissertação *Da vontade na natureza*, em especial às páginas 43-62, sob a rubrica "Anatomia comparada",[65] e ao começo do cap. 26 do volume 2 da minha obra principal.

A segunda prova teológica, a *ontológica*, toma, como foi dito, não a lei da causalidade, mas sim o princípio de razão do conhecer como seu fio condutor. Por meio do que a necessidade da existência de Deus é aqui uma necessidade *lógica*. Isto é, a existência de Deus deve aqui provar-se por meio de um juízo meramente analítico a partir do conceito de *Deus*, de modo que, então, não se poderia fazer deste conceito o sujeito de uma proposição em que sua existência lhe fosse negada, pois isso seria contraditório ao sujeito da proposição. Isso é logicamente correto, mas é também muito natural e um jogo de prestidigitação fácil de adivinhar. Depois de se ter introduzido no sujeito o predicado da existência, por meio da ajuda do conceito de "perfeição" ou também de "realidade", que se usou como *terminus medius*, não podemos deixar de encontrá-lo depois, de novo, e então expô-lo por meio de um juízo analítico. Porém, a justificativa para o estabelecimento do conceito completo não é de modo algum demonstrada; ele foi, antes, ou inventado bem arbitrariamente, ou introduzido por meio da prova cosmológica, para a qual reflui tudo o que tem necessidade física. Christian Wolff parece ter visto isso bem, pois, em sua metafísica faz uso só do argumento cosmológico, fazendo uma observação expressa. A prova ontológica encontra-se bem investigada e sopesada na segunda edição da minha dissertação

---

[65] Nesse capítulo 26 do *Mundo como vontade e representação*, em que Schopenhauer também remete à *Vontade na natureza*, ele explica que a finalidade no mundo orgânico, que existe para o intelecto, é tomada como devendo sua existência a um intelecto, o que é uma pressuposição natural, porém falsa. Essa pressuposição leva à crença num intelecto divino que tivesse criado os seres finalisticamente. (N.T.)

A *quádrupla raiz do princípio de Razão Suficiente*, parágrafo 7, e para aí remeto o leitor.

Certamente, ambas as provas teológicas se apoiam uma na outra, por isso não podem se sustentar. A prova cosmológica tem a vantagem de dar conta de como chegou ao conceito de um Deus e de torná-lo plausível por meio de seu adjunto, a prova físico-teológica. A ontológica, ao contrário, não pode por certo demonstrar como teria chegado ao seu conceito de um ser, o mais real de todos: pretende, portanto, ou que ele seja inato ou o empresta da prova cosmológica e, então, procura mantê-lo por meio de frases sonoras e elevadas sobre o ser, que não pode ser pensado senão como sendo e cuja existência já repousa no seu conceito etc. Entretanto, não recusaremos à descoberta da prova ontológica a reputação de perspicácia e sutileza, quando considerarmos o seguinte: para esclarecer uma existência dada, indicamos uma causa dela, em relação à qual ela se apresenta como necessária. Isso vale como explicação. Só que esse caminho leva, como foi mostrado à suficiência, a um *regressus in infinitum*, não podendo pois chegar nunca a um último termo que forneça uma razão fundamental de esclarecimento. Seria diferente se, realmente, a *existência* de um ser qualquer se deixasse seguir da sua *essência*, portanto, de seu próprio conceito ou de sua definição. Então, de fato, ele seria conhecido como um ser *necessário* (que aqui apenas significa "algo que se segue de sua razão"), sem estar aí ligado a algo outro a não ser a seu próprio conceito e, com isso, sem que sua necessidade fosse uma necessidade apenas passageira e momentânea, isto é, de novo condicionada e conduzindo por isso a uma série infinita, como a necessidade causal sempre é. Antes, a mera razão de conhecimento ter-se-ia transformado numa razão real, portanto numa causa, e seria assim excelentemente apta a fornecer, então, o último e firme ponto de conexão para toda a série causal — teríamos pois o que procurávamos. Vimos acima como tudo isso é ilusório e é, de fato, como se Aristóteles tivesse querido prevenir uma tal sofisticação, quando disse: Tò δ' εἶναι οὐκ οὐσία οὐδενί (*Ad nullius rei essentiam pertinet existentia*) [A existência não pertence à essência de algo] (*Analytica posteriora* 2, 7). Indiferente a esse respeito, Descartes estabeleceu mais tarde o conceito de Deus como um conceito que realizava aquilo que fora exigido, depois de Anselmo de Canterbury ter aberto o caminho para tal via de pensamento. Espinosa, porém, estabeleceu o conceito do mundo como o da única substância existente, que por isso seria *causa sui*, i.é, "*quae per se est et per se concepitur, quamobrem nulla alia re aget ad existendum*" [que existe por si mesma e é por si mesma concebida e que, portanto, não precisa de nenhuma outra para existir — *Ética*, I def. I]. A esse mundo assim estabelecido atribuiu, em seguida, *honoris causa*, o título de Deus, para contentar a toda gente. Mas é ainda sempre o mesmo *tour de passe-passe*,[66] que quer fazer passar, para nós, a necessidade *lógica* por uma necessidade *real* e que, junto com outras ilusões, deu finalmente ocasião para a grande investigação de Locke acerca da *origem* dos conceitos, com a qual foi posto o fundamento para a filosofia crítica. Uma exposição especial do procedimento de ambos aqueles dogmáticos está contida na segunda edição da minha dissertação *Sobre o princípio de razão*, parágrafos 7 e 8.

Pois bem, Kant, depois que havia, a partir de sua crítica à teologia especulativa, aplicado a ela o golpe de morte, teve de procurar suavizar a impressão causada por isso, encapando-o, portanto, de um paliativo como anódino,[67] de modo análogo ao procedimento de Hume, que, no último de seus tão dignos de leitura quanto inexoráveis *Diálogos sobre a religião natural*, nos declara que tudo teria sido uma brincadeira, um *exertitium logicum*. De modo correspondente, Kant deu como substitutivo da prova da existência de Deus seu postulado da razão prática e a teologia moral que dele surge, a qual, mesmo sem qualquer exigência de validade objetiva para o saber ou para a razão teórica, deveria ter plena validade em relação ao agir ou à razão

---

[66] Em francês no original. Em português: golpe de prestidigitação. (N.T.)
[67] Analgésico. (Nota da edição alemã.)

prática. Por meio disso foi fundamentada uma fé sem o saber, para que as pessoas tivessem, mesmo assim, algo nas mãos. Sua exposição, se bem compreendida, não significa apenas que a admissão de um Deus justo e que dá recompensas depois da morte é um *esquema regulador* utilizável e suficiente, em prol da explicação da sentida e séria significação moral de nossas ações, como também da orientação dessas mesmas ações; portanto, de certo modo, uma alegoria da verdade e que, neste aspecto — aliás o único que importa — tal suposição poderia tomar o lugar da verdade, quando não precisasse ser justificada teórica ou praticamente. Um esquema análogo de mesma tendência, mas de muito maior conteúdo de verdade, mais forte plausibilidade e, por conseguinte, de valor mais imediato, é o dogma da metempsicose compensatória do bramanismo, de acordo com o qual teríamos de renascer em cada um dos seres que foram por nós prejudicados para, então, sofrermos o mesmo prejuízo. Temos, portanto, de tomar a teologia moral de Kant no sentido dado, pois devemos considerar que ele próprio não pôde se expressar tão abertamente sobre o real estado de coisas, mas, já que tinha estabelecido o monstro de uma doutrina *teórica* com validade meramente *prática*, contava com o *granum salis* dos mais inteligentes. Os escritores filosóficos e teológicos deste último tempo, já afastado da filosofia de Kant, buscaram na sua maioria dar a impressão de que a teologia moral kantiana fosse um verdadeiro teísmo, uma nova prova da existência de Deus. Mas isso ela não é de modo nenhum — vale tão-somente no interior da moral, apenas em função da moral e nem mais um milímetro.

Os professores de filosofia não se deram por satisfeitos com isso por muito tempo, embora tivessem caído num embaraço significativo com a crítica kantiana da teologia especulativa. Pois, desde há muito, reconheceram como sua especial tarefa expor a existência e as propriedades de Deus e fazer dele o objeto principal de sua filosofia. Por isso, quando a Escritura ensina que Deus alimenta os corvos no campo, tenho de acrescentar: e os professores de filosofia em suas cátedras. E até mesmo ousadamente nos asseguram, ainda hoje em dia, que o tema próprio da filosofia é o *absolutum* (como se sabe, o título em voga para o amado Deus) e para a relação dele com o mundo, e estão ocupados, como antes, em determiná-lo mais de perto e em imaginá-lo e representá-lo no pensamento. Pois, certamente, os governos que gastam dinheiro com esse tipo de filosofar gostariam de ver sair dos auditórios filosóficos bons cristãos e devotos fiéis. Como devem ter se sentido os senhores da filosofia lucrativa, quando Kant atrapalhou tanto o plano deles por meio da prova de que todas as provas da teologia especulativa eram insustentáveis e que todos os conhecimentos referentes a esse tema, por eles escolhido, eram simplesmente inacessíveis ao nosso conhecimento? De início, tentaram arranjar-se com um remédio bem conhecido deles, o ignorar, e, depois, por meio da contestação; mas isso não durou muito tempo. Então, puseram--se a afirmar que a existência de Deus não admitia nenhuma prova, mas que também não precisava dela. Pois diziam que ela é compreensível por si mesma, é a coisa mais certa do mundo, de que não podemos absolutamente duvidar, pois temos uma "consciência de Deus",[68] que nossa razão é o órgão de conhecimento imediato das coisas supramundanas e que o ensinamento sobre elas é imediatamente *percebido*[69] pela razão, que, por isso mesmo, chama-se *razão*. Peço aqui ao leitor que tenha a bondade

[68] Neste aspecto, temos uma representação imagética notável da *gênese* desta consciência de Deus: uma gravura de metal que nos mostra uma mãe que ensina seu filho de três anos a rezar, de mãos postas, ajoelhado à beira da cama — certamente um procedimento usual, que constitui a gênese da consciência de Deus. Ora, não é para se duvidar que, depois que o cérebro tivesse sido assim preparado, na sua tenra idade e nos seus primeiros desenvolvimentos, a consciência de Deus teria nele penetrado tão fundamente como se fora realmente inata. [Nota de Frauenstädt.]

[69] Schopenhauer, em *Sobre o fundamento da moral*, § 6, nos diz que tais filósofos, ao explicarem que a palavra *Vernunft* (razão) origina-se no verbo *vernehmen* (perceber), traduziram-na como percepção e, no caso, até mesmo, como percepção do suprassensível. Ora, Schopenhauer nos adverte que *Vernunft* (razão) provém de fato de *vernehmen*, mas que esta palavra quer dizer não apenas escutar, mas compreender "não o que se passa na cucolândia das nuvens, mas o que *um* homem razoável diz ao *outro*". (N.T.)

de consultar minha dissertação *Sobre o princípio de razão*, na segunda edição, §34; igualmente, meus *Problemas fundamentais da ética* (pp. 148-54) e, por fim, também, minha *Crítica da filosofia kantiana* (pp. 574-5). Segundo alguns, todavia, a razão fornecia meros pressentimentos, mas, em contrapartida, outros ainda tiveram intuições intelectuais. Ainda outros descobriram o pensamento absoluto, quer dizer, um pensamento no qual a pessoa não precisa de esforço para ver as coisas, mas que, com onipotência divina, determina como elas são, de uma vez por todas. Essa é indiscutivelmente a mais confortável de todas aquelas descobertas. Todos, porém, recorrem à palavra *absolutum*, que nada é senão a prova cosmológica *in nuce* ou, ainda melhor, tão contraída que, microscópica, furta-se ao olhar e, irreconhecível, esgueira-se passando por algo compreensível por si mesmo, já que depois do *examen rigorosum* kantiano não podia mais aparecer em sua forma verdadeira, tal como expliquei mais detalhadamente na segunda edição da minha dissertação *Sobre o princípio de razão*, pp. 36 e ss., e, também, na minha *Crítica da filosofia kantiana*, segunda edição, p. 544. Não sei mais dizer quem, há mais ou menos cinquenta anos, teria empregado, pela primeira vez, o artifício de contrabandear incógnita, sob esta única palavra *absolutum*, a prova cosmológica proscrita e derrubada, mas o artifício era proporcional à capacidade do público: pois, até os dias de hoje, o *absolutum* é moeda corrente. Em resumo, apesar da *Crítica da Razão Pura* e de suas provas, nunca faltaram aos professores de filosofia autênticas notícias sobre a existência de Deus e suas relações com o mundo e em cuja comunicação detalhada deve consistir propriamente, de acordo com eles, o filosofar. Assim como dizemos "Dinheiro de cobre, mercadoria de cobre", assim também é para eles esse Deus que se compreende por si mesmo: ele não tem nem mãos, nem pés. Por isso tratam com ele por detrás de uma montanha, ou melhor, detrás de um ressoante edifício de palavras de tal modo que nem uma pontinha dele seja visível. Se ao menos pudéssemos forçá-los a se explicarem claramente sobre aquilo que é para ser pensado com a palavra Deus, então veríamos se ela se compreende por si mesma. Nem sequer uma *natura naturans* (na qual seu Deus muitas vezes ameaça transformar-se) compreende-se por si mesma, pois vemos Leucipo, Demócrito e Epicuro construir o mundo sem ela. Esses homens, porém, apesar de seus erros, tinham muito mais valor do que uma legião de ventoinhas, cuja filosofia lucrativa gira ao sabor do vento. Porém, uma *natura naturans* está longe de ser um Deus. Antes, está contida no seu conceito apenas a ideia de que, por detrás dos fenômenos tão passageiros e incansavelmente cambiantes da *natura naturata*, deveria estar oculta uma força imperecível e incansável, em virtude da qual aqueles fenômenos renovam-se constantemente, já que ela não seria atingida pelo perecimento deles. Assim como a *natura naturata* é o objeto da física, a *natura naturans* é o da metafísica. Essa nos leva a ver que também pertencemos à natureza e que, consequentemente, possuímos em nós o mais próximo e claro espécime, tanto da *natura naturata*, como também da *natura naturans*, e, até mesmo, o único espécime acessível a nós *de dentro*. Assim, pois, a mais séria e exata reflexão sobre nós mesmos permite-nos reconhecer a *vontade* como sendo o âmago de nosso ser. Temos com isso uma revelação imediata da *natura naturans*, que estamos autorizados a transferir para todos os seres por nós conhecidos apenas parcialmente. Chegamos desse modo à grande verdade de que a *natura naturans* é a vontade em nosso coração, ao passo que a *natura naturata*, ou o fenômeno, é a representação na nossa mente. Mesmo desconsiderando esse resultado, é bem óbvio que a mera diferença entre a *natura naturans* e a *natura naturata* não é nem de longe um teísmo e, nem mesmo, um panteísmo. Pois, para chegar a esse, seria necessário o acréscimo de certos atributos morais que não cabem ao mundo como, por exemplo, a bondade, a sabedoria, a bem-aventurança etc. O panteísmo é, acima de tudo, um conceito que se suprime a si mesmo, pois o conceito de um Deus pressupõe, como seu correlato essencial, um mundo diferente dele. Se, em contrapartida, o próprio mundo tem de tomar o papel de Deus, ele fica sendo um mundo absoluto sem Deus e, por isso, o panteísmo é apenas um eufemismo para o ateísmo. Essa última expressão contém, no entanto, por sua vez, uma sub-repção, já que ela admite antecipadamente que o teísmo se compreende por si mesmo — com o que se esquiva astutamente do *affirmanti incumbit probatio* [a prova cabe aos que afirmam], enquanto é, antes, o assim chamado ateísmo que tem o *ius primi occupanti* [o direito do primeiro ocupante] e, primeiro, tem de ser posto fora de combate pelo teísmo. Permito-me aqui observar que os homens vêm ao mundo não-circuncidados, consequentemente não como judeus. Mas até mesmo a admissão de alguma causa do mundo diferente dele não é um teísmo. Esse não exige apenas uma causa do mundo diferente dele, mas uma causa que seja inteligente, quer dizer, que conheça e que queira, sendo portanto pessoal e também individual: é somente uma tal causa que a palavra Deus designa. Um deus impessoal não é de fato nenhum deus, mas apenas uma palavra mal-empregada, um não-conceito, uma *contradictio in adjecto* [uma contradição no adjetivo], um shiboleth[70] para professores de filosofia que, depois que tiveram de desistir da coisa, esforçaram-se para introduzi-la pela palavra. Mas, por outro lado, a personalidade, quer dizer, a individualidade autoconsciente que, em primeiro lugar, *conhece* e depois *quer* de acordo com o conhecido, é um fenômeno que só reconhecemos na natureza animal presente no nosso pequeno planeta e que é tão intimamente a ele ligada que nem nos é permitido e que também nem somos capazes de pensá-la, separada e independente dela. Admitir um ser de tal espécie como a origem da própria natureza e mesmo de todo ser em geral é um pensamento colossal e acima de tudo ousado, com o qual nos espantaríamos se o ouvíssemos pela primeira vez, se não tivesse se tornado familiar para nós e, mesmo, uma segunda natureza, por meio da fixação na memória, já na tenra infância

---

[70] Palavra graças à qual os soldados de Jefte reconheceram os efraimistas.

e pela repetição constante. Por isso menciono, incidentalmente, que nada me convenceu tanto da honestidade de Kaspar Hauser do que a declaração de que a assim chamada teologia natural, que lhe foi apresentada, não pareceu esclarecê-lo particularmente, como era esperado; acrescentando-se a isso, ainda, o fato de que (de acordo com a "Carta do conde Stanhope ao discípulo Meyer") professava uma peculiar veneração pelo sol. — Assim, é uma pretensão insolente ensinar na filosofia que aquele pensamento fundamental teológico compreenda-se por si mesmo e que a razão seja apenas a capacidade de apreendê-lo diretamente e de reconhecê-lo como verdadeiro. Um tal pensamento não só não deve ser admitido na filosofia sem uma prova da sua mais completa validade, mas nem mesmo é absolutamente essencial na religião — isso é o que atesta a religião com o maior número de representantes na Terra, o antiquíssimo, altamente moral e ascético budismo, que agora conta com 370 milhões de seguidores e sustenta o mais numeroso clero, já que ele absolutamente não só não admite um tal pensamento, mas o recusa, sendo expressa e justamente *ex professo*, de acordo com a nossa expressão, ateísta.[71]

[71] "O Zaradobura, chefe Rahan (sumo-sacerdote) dos budistas em Ava, num ensaio sobre a sua religião que entregou a um bispo católico, conta, entre as seis heresias condenáveis, também a doutrina de que há um ser que criou o mundo e todas as coisas que existem nele e que só ele é digno de ser adorado" (Francis Buchanan, *On the religion of the Burmas*, nas "Asiatics Researches", v. 6, p. 268). Também merece ser mencionado aquilo que é dito na mesma coleção (v. 15, p. 148): os budistas não abaixam a cabeça diante de nenhum ídolo, dando como razão o fato de que o ser originário penetra toda a natureza e consequentemente está também na cabeça deles. Similarmente, diz o orientalista profundamente erudito e acadêmico de São Petersburgo, Isaak Jacob Schmidt, nas suas *Forschungen im Gebiete der älteren Bildungsgeschichte Mittelasiens* [Investigações no domínio da história da cultura da Ásia central] (Petersburg, 1824, p. 180): "O sistema do budismo não conhece nenhum ser divino eterno, incriado e único, que exitisse antes de todos os tempos e que tivesse criado todo o visível e invisível. Essa ideia lhes é bem estranha, e não se encontra nos livros budistas nem o menor traço dela. Menos ainda há uma criação, etc." e assim por diante. Onde fica então a "consciência de Deus" dos professores de filosofia postos em apuros por Kant e pela verdade? Como se pode reconciliá-la com o fato de que a língua dos chineses, que constituem mais ou menos dois quintos da humanidade, não tenha nenhuma expressão para *Deus* e *criar*? Por isso já o primeiro verso do Pentateuco não pode ser traduzido para o chinês, para grande perplexidade dos missionários a quem Sir George Staunton

De acordo com o dito acima, o antropomorfismo é uma propriedade absolutamente essencial do teísmo e, de fato, não consiste meramente na forma humana, nem só nos afetos e paixões humanas, mas no próprio fenômeno fundamental, a saber, numa vontade dotada de um intelecto para sua orientação, fenômeno esse que nos é conhecido apenas na natureza animal e, mais perfeitamente, no homem, e que só se pode pensar enquanto individualidade — que, uma vez racional, chama-se personalidade. A expressão "tão verdadeiro quanto Deus vive" também confirma isto: Ele é um ser vivo, isto é, um ser que quer com conhecimento. Por isso mesmo, a um Deus pertence um céu, onde senta-se no trono e governa. Muito mais por isso do que por causa do modo de falar no livro de Josué [10, 12-14] é que o sistema copernicano foi imediatamente recebido com animosidade pela Igreja e que encontramos, cem anos mais tarde, Giordano Bruno como defensor, ao mesmo tempo, daquele sistema e do panteísmo. As tentativas de limpar o teísmo do antropomorfismo, embora acreditando trabalhar só na superfície, atingem diretamente seu ser mais íntimo. Por meio de seu empenho de apreender só abstratamente o seu objeto, este é sublimado numa vaga figura nebulosa, cujo esboço, aos poucos, desvanece completamente pelo esforço de evitar a figura humana; com isso, a ideia fundamentalmente infantil acaba finalmente em nada. Pode-se, no entanto, censurar aos teólogos racionalistas, a quem cabem tais tentativas, o fato de entrarem em contradição com a sagrada Escritura que diz: "Deus criou o homem à sua imagem; à imagem de Deus, ele o criou [I. Mos I, 27]. Chega portanto do jargão dos professores de filosofia! Não há nenhum outro deus a não ser Deus, e o Velho Testamento é sua revelação, especialmente no livro de Josué.[72]

quis ajudar com o seu livro chamado *An inquiry into the proper mode of rendering the word God in tranlating the Sacred Scriptures in chinese language*, Londres 1848 (Uma investigação sobre o modo adequado de expressar a palavra Deus, na tradução das Sagradas Escrituras para o chinês).

[72] Filósofos e teólogos tiraram do deus que no início era Jeová uma casca depois da outra, até que por fim nada mais ficou, a não ser a palavra. [Nota de Frauenstädt.]

Num certo sentido poder-se-ia certamente, com Kant, chamar o teísmo de um postulado prático, num sentido todavia bem diferente do que ele pensou. Ou seja, o teísmo não é com efeito nenhum produto do *conhecimento*, mas sim da *vontade*. Se ele fosse originariamente *teórico*, como suas provas poderiam ser tão pouco sustentáveis? Porém, ele nasce da vontade, da seguinte maneira: a miséria constante que ora angustia gravemente o coração (vontade) do homem, ora o move violentamente e o mantém incessantemente no estado de temor ou de esperança, enquanto as coisas *que* espera ou teme estão fora de seu poder e, até mesmo, o fato de que a conexão das cadeias causais em que elas poderiam ser buscadas só pode ser alcançada, apenas numa curta medida, pelo seu conhecimento — essa miséria, esse constante temer e esperar fazem com que se construa a hipóstase de seres pessoais, dos quais tudo depende. Pode-se pressupor que eles, igual às outras pessoas, sejam suscetíveis a pedidos e adulações, favores e presentes, e que sejam, pois, mais fáceis de tratar que a necessidade rígida, as forças naturais inexoráveis e sem sentimentos e o poder obscuro do acontecer cósmico. No início, como é natural e como os antigos concluíram bem apropriadamente, esses deuses eram muitos, de acordo com a diversidade das circunstâncias. Mais tarde, por meio da necessidade de impor consequência, ordem e unidade ao conhecimento, foram submetidos à unidade, ou mesmo reduzidos a *um único* — só que este, como observou certa feita Goethe, não é nada dramático, porque com *uma só* pessoa não se pode fazer nada.[73] O essencial é, todavia, o ímpeto do homem angustiado de se lançar por terra e implorar ajuda na sua miséria, frequente, lamentável e grande, e também em prol de sua salvação eterna. O homem conta de preferência com a graça alheia do que com seu próprio mérito: isso é o apoio capital do teísmo. Portanto, para que seu coração (vontade) tenha o alívio da prece e o consolo da esperança, seu intelecto tem de fabricar-lhe um

---

[73] O que se quer dizer é que não é possível construir um drama com uma única personagem. (N.T.)

Deus. Não, porém, inversamente, ou seja, porque seu intelecto tenha deduzido um Deus de modo logicamente correto é que ele ora. Deixemo-lo sem miséria, desejos e carências, um ser meramente intelectual, sem vontade, então ele não precisará de nenhum Deus e não fabricará nenhum. O coração, quer dizer, a vontade, na sua grave aflição, tem precisão de clamar por uma assistência todo-poderosa e consequentemente sobrenatural: é, portanto, porque se deve orar que um Deus é hipostasiado. Por isso a parte teórica da teologia de todos os povos é bem diversa no que se refere ao número e à natureza dos deuses, mas, quanto ao fato de que podem ajudar e o fazem quando são servidos e adorados — isso, todos os povos têm em comum, porque esse é o ponto que importa. Ao mesmo tempo, porém, esta é a marca de nascença em que se reconhece a linhagem de toda teologia: o fato de ela provir da *vontade*, do coração, e não da cabeça ou do conhecimento, como se presume. Está em conformidade com isso o fato de que a verdadeira razão pela qual Constantino, o Grande, e também Clodovigo, o rei dos francos, trocaram sua religião foi o esperarem que o novo Deus lhes desse melhor apoio na guerra. Há alguns poucos povos que, como se preferissem o tom menor ao maior, têm apenas maus espíritos ao invés de deuses, dos quais se consegue, por meio de sacrifícios e preces, que não causem dano. O resultado é que não há grande diferença quanto ao principal. Os habitantes originários da península indiana e do Ceilão, antes da introdução do bramanismo e do budismo, e cujos descendentes têm ainda em parte uma religião cacodemonológica,[74] parecem ter sido dessa espécie, como também vários povos selvagens. Daí surge o capuísmo misturado com o budismo cingalês.[75] De modo similar, os adoradores do diabo, visitados por Layard na Mesopotâmia, também pertencem a essa espécie.

Aparentado estreitamente com a verdadeira origem do teísmo, aqui relatada, e também proveniente da natureza humana

---

[74] Que tem espíritos maus no lugar de deuses. (N.T.)
[75] Do sul do Ceilão. (N.T.)

é o impulso de fazer *sacrifícios* a seus deuses, para obter seus favores ou, quando estes já aconteceram, para garantir a sua continuidade, ou comprar deles o mal (veja-se Sanchoniathonis, *Fragmenta* [editio Orelli], p. 42). Esse é o sentido de todo sacrifício, assim como a origem e o suporte da existência de todos os deuses, de tal modo que se pode dizer que os deuses se mantiveram pelo sacrifício. Justamente porque o impulso de invocar e barganhar a assistência dos seres sobrenaturais, apesar de ser fruto da miséria e da limitação intelectual, é natural ao homem, sendo sua satisfação uma necessidade, é que ele cria deuses. Daí surge a universalidade do sacrifício em todas as épocas e entre os povos os mais diversos e a identidade da coisa na maior diferença das relações e dos graus de cultura. Assim, por exemplo, conta Heródoto ([*Historiae*] 4, 152) que um navio de Samos teve um ganho inesperado por meio da venda vantajosa de sua carga em Tartessos. Os sâmios gastaram um décimo do lucro, que importava em seis talentos, num grande vaso de bronze, artisticamente trabalhado, e o presentearam a Hera em seu templo. E, em nossos dias, como equivalente desses gregos, vemos o miserável nômade lapão, que vive de suas renas e está reduzido à figura de anão, esconder o dinheiro que sobra em diversos lugares secretos dos penhascos e desfiladeiros, que não revela a ninguém, a não ser a seu herdeiro na hora da morte, com exceção de um lugar que guarda em segredo também desse herdeiro, porque ofereceu o que foi ali depositado em sacrifício ao gênio *loci*, ao deus protetor de sua comarca (veja-se Albrecht Pancritius, *Hägringar, Reise durch Schweden, Lappland, Norwegen und im Jahre 1850*, Königsberg 1852, S. 162) Portanto a crença em Deus está baseada no egoísmo. Só no cristianismo foi suprimido o sacrifício propriamente dito, embora nele ainda exista na forma da missa para as almas e na construção de mosteiros, igrejas e capelas. De resto, porém, e principalmente entre os protestantes, o louvor, a glória e o agradecimento têm de servir como equivalentes do sacrifício, os quais, por isso, são levados ao mais extremo superlativo, até mesmo em ocasiões que parecem bem pouco adequadas ao observador imparcial. Isso é análogo ao fato de que o Estado nem sempre recompensa o mérito com presentes, mas também com meras honrarias, garantindo assim sua continuidade. Nesse sentido, merece ser trazido à lembrança o que diz o grande David Hume a esse respeito: "Whether this God, therefore, be considered as their peculiar patron, or as the general sovereign of heaven, his votaries will endeavour, by every art, to insinuate themselves into his favors; and supposing him to be pleased, like themselves, with praise and flattery, there is no eulogy or exaggeration, which will be spared in their adresses to him. In proportion as men's fears or distresses become more urgent, they still invent more strains of adulation; and even he who outdoes his predecessors in swelling up the titles of his divinity, is sure to be outdone by his sucessors in newer and more pompous epithets of praise. Thus they proceed, till at last they arrive at infinity itself, beyond which there is no farther progress" [Seja tal deus considerado seu protetor especial, ou o mais alto soberano do céu, seus devotos se esforçarão, de toda maneira, em insinuar-se no seu favor; e, supondo que ele fique satisfeito, tal como eles, com louvores e adulações, não há nenhum elogio ou exagero que seja poupado, quando se dirigem a ele. Na proporção em que os temores e infortúnios dos homens se tornam mais urgentes, ainda inventam novos procedimentos de adulação e, mesmo aquele que sobrepuja seus predecessores na expansão dos títulos de sua divindade, está certo de ser sobrepujado pelos seus sucessores em novos e mais pomposos epítetos de louvor. Prosseguem, portanto, até chegarem à própria infinitude, além da qual não há mais progresso possível"] (*Essays and treatises on several subjects*, Londres, 1777, v. 2 p. 429). Mais adiante: "It appears certain, that though the originals notions of the vulgar represents the divinity as a limited being, and consider him only as a particular cause of health and sickness; plenty or want; prosperity or adversity; yet when more magnificient ideas are urged upon them, they esteem it *dangerous to refuse their assent.* Will you say, that your deity is finite and bounded in his perfections; may be overcome by a greater force; is subject to human passions, pains and infirmitie; has a beginning and may have an end? This they dare not to affirm; but thinking it *safest to comply with the higher encomium, they endeavour, by an affected ravishment and devotion to ingratiate themselves* with him. As a confirmation of this, we may observe, that the assent of the vulgar is, in this case, merely verbal, and that they are incapable of conceiving those sublime qualities which they seemingly attribute to the Deity. Their real idea of him, notwithstanding their pompous language, is still as poor and frivolous as ever" [Parece certo que, embora as noções originais do vulgo representem a divindade como um ser limitado e a considerem apenas uma causa particular de saúde e doença, abundância ou falta, prosperidade ou adversidade, ainda assim, quando ideias mais magnificentes lhes são atribuídas, pensa ser *perigoso recusar seu assentimento.* Diríeis que vossa divindade é finita e limitada nas suas perfeições, que pode ser dominada por uma força maior, que está sujeita a paixões, dores e fraquezas humanas, que tem um começo e pode ter um fim? Isso o vulgo não ousa afirmar, mas, pensando ser *mais seguro aquiescer aos maiores louvores, tenta, com arrebatamento e devoção simulados, conseguir sua graça.* Como uma confirmação disso podemos observar que o assentimento do vulgo é, nesse caso, meramente verbal e que ele é incapaz de conceber aquelas qualidades sublimes que convenientemente atribui à divindade. A verdadeira ideia que faz dela, não obstante sua linguagem pomposa, é pobre e frívola como sempre" (ibidem, p. 432).

Kant, para amenizar o choque de sua crítica à teologia especulativa, acrescentou-lhe não só a teologia moral, mas também a asseveração de que, embora a existência de Deus tivesse de ficar sem prova, seria, no entanto, igualmente impossível provar o seu contrário. Muitos tranquilizaram-se com isso, já que não notaram que ele ignorou, com uma ingenuidade dissimulada, o *affirmanti incumbit probatio* [a prova cabe a quem afirma], assim como o fato de que o número das coisas, cuja não-existência não pode ser provada, é infinito. Além disso, guardou-se naturalmente de demonstrar os argumentos que poderiam ser utilizados numa contraprova apagógica, se quiséssemos nos comportar, não mais de uma forma meramente defensiva, mas também agressiva. Dessa espécie seriam os que se seguem:

1. Em primeiro lugar, a triste natureza de um mundo cujos seres vivos sobrevivem devorando uns aos outros, a consequente miséria e medo de todos os viventes, a quantidade e colossal grandeza de todos os males, a multiplicidade e inevitabilidade dos sofrimentos que frequentemente aumentam até a atrocidade, o peso da própria vida e seu apressar-se para uma morte amarga não se conciliam honestamente com o fato de que o mundo deva ser a obra da união da bondade infinita com a onisciência e onipotência. Contra o que é dito aqui é tão fácil levantar a voz, como é difícil tratar da coisa com argumentos plausíveis.

2. Há dois pontos que não só ocupam todos os homens que pensam, mas que também importam muito, na maioria dos casos, aos seguidores de uma religião, neles repousando, pois, a força e a duração das religiões: primeiro, a significação moral transcendente de nossas ações; segundo, a nossa permanência após a morte. Quando uma religião cuida bem desses dois pontos, todo o resto é acessório. Por isso, examinarei aqui o teísmo em relação ao primeiro ponto e, no que se segue, em relação ao segundo.

O teísmo tem, pois, com a moralidade de nossas ações, uma dupla conexão, ou seja, uma *a parte ante* e uma *a parte post*, quer dizer, uma com respeito às razões e uma com respeito às consequências de nossos atos. Primeiro, quanto ao último ponto, o teísmo dá de fato um apoio à moral que, todavia, é de uma espécie bem tosca, i.é., um apoio por meio do qual é fundamentalmente suprimida a pura e verdadeira moralidade dos atos, já que toda ação desinteressada transforma-se imediatamente numa ação interessada por meio de uma letra de câmbio de longo prazo, porém segura, que se recebe como pagamento. O deus, que no começo era criador, aparece por fim como vingador e remunerador. A reverência por um tal deus pode ocasionar certamente ações virtuosas. Só que essas não serão puramente morais, pois o medo do castigo ou a esperança da recompensa é que é o motivo delas. Ao contrário, o âmago de tal virtude remete-se ao egoísmo astuto e bem pensado. Trata-se, em última instância, apenas da firmeza da fé em coisas indemonstráveis. Se ela estiver presente, então não hesitaremos em aceitar um curto período de sofrimento em troca de uma alegria eterna, e o princípio fundamental que propriamente conduz à moral será "Poder esperar". Só que aquele que procura uma recompensa para seus atos, seja neste mundo, seja num futuro, é um egoísta. Se lhe escapa a recompensa esperada, tanto faz que isso aconteça por meio do acaso que rege este mundo, ou por meio da vacuidade da ilusão que o mundo futuro construiu para ele. Por causa disso é que a teologia moral de Kant mina propriamente a sua moral.

De novo, *a parte ante*, o teísmo está igualmente em conflito com a moral, porque suprime a liberdade e a imputabilidade. Pois não se pode crer na culpa e no mérito de um ser que, quanto à sua *existentia* e *essentia*, é obra de um outro. Já Vauvernargues diz acertadamente: "Un être qui a tout reçu, ne peut agir que par ce qui lui a été donné; et toute la puissance divine, qui est infinie, ne saurait lui rendre indépendant" [Um ser que tudo recebeu só pode agir por meio do que lhe foi dado; e toda potência divina que é infinita não poderia torná-lo independente] (*Discours sur la liberté* [veja-se *Oeuvres complètes*, Paris, 1823, t. 2, p. 331]). Igual a qualquer outro ser concebível, só pode agir *de acordo com sua natureza* e assim manifestá-la: tal como foi feito, assim faz. Se age mal, isso vem de que *é* mau, e assim a culpa não é dele, mas de quem o fez. O autor da sua existência e da sua natureza e, além disso, das circunstâncias em que é posto é, inevitavelmente, o autor de seu agir e de seus feitos que, como tais, são tão seguramente determinados como o é o triângulo por dois ângulos e uma linha. Santo

Agostinho, Hume e Kant reconheceram e admitiram a justeza dessa argumentação, enquanto os demais a ignoraram astuta e medrosamente, o que discuti detalhadamente no meu escrito premiado *Sobre a liberdade da vontade*, pp. 67 e ss. Justamente para eludir essa dificuldade terrível e exterminadora, inventou-se a liberdade da vontade, o *liberum arbitrium indifferentiae* [livre arbítrio] que contém uma ficção bem monstruosa, que, por isso mesmo, sempre foi combatida e, já de há muito, rejeitada por todas as cabeças pensantes, mas sem ter sido, talvez, refutada, tão sistemática e profundamente, como no escrito há pouco mencionado. O que nos importa o fato de que a populaça, e também a populaça literária e filosófica, continue ainda a arrastar-se, para ainda mais longe, com a liberdade da vontade? A afirmação de que um dado ser é *livre*, isto é, de que pode agir quer desta maneira, quer também de outra, sob determinadas circunstâncias, significa que ele tem uma *existentia* sem *essentia*, isto é, que ele meramente *é*, sem ser *algo*; portanto, que ele *nada* é, mas que também *é*, e assim que ao mesmo tempo é e não é. Eis, portanto, o cume do absurdo, mas nem por isso é o pior para as pessoas que não buscam a verdade, mas a sua ração e que, portanto, nada admitirão que não se adapte ao seu negócio, à *fable convenue* da qual vivem: em vez da refutação, o ignorar serve melhor à sua impotência. E deve-se atribuir qualquer peso à opinião destes βοσκήματα *in terram prona et ventri obedientia*? [animais que se inclinam para a terra e servem seus ventres; Sallust, *Catilina*, capítulo I]. Tudo o que *é*, é também *algo*, tem uma essência, uma natureza, um caráter: tem de agir, tem de comportar-se (o que quer dizer agir segundo motivos) de acordo com ele, quando se apresentam as circunstâncias exteriores, que provocam suas manifestações particulares. De onde aquilo que é recebe seu ser-aí, sua existência, também recebe o *quid*, a índole, a essência, porque ambos de fato são separáveis no conceito, mas não na efetividade. Porém, aquilo que tem uma essência, quer dizer, uma natureza, um caráter, uma índole, só pode agir sempre de acordo com ela e com nada mais: apenas o momento, a forma e a índole mais precisa do comportamento particular é que são determinados todas as vezes pelos motivos que se apresentam. Que o criador tenha criado o homem *livre*, significa uma impossibilidade, ou seja, que lhe tenha concedido uma *existentia* sem *essentia* e, portanto, lhe tenha dado *a existência* apenas em abstrato, já que deixou para o homem determinar *o que* deveria ser. Sobre isso, peço ao leitor para reler minha dissertação *Sobre o fundamento da moral*, §20. A liberdade e a responsabilidade ou imputabilidade morais pressupõem simplesmente a *aseidade*. As ações resultarão sempre e necessariamente do caráter, isto é, da natureza própria e imutável de um ser, sob a influência e de acordo com os motivos; se esse ser for responsável, ele tem de existir originariamente e em virtude de seu próprio poder absoluto. Tem de ser sua própria obra de acordo com sua *existentia* e *essentia* e o autor de si próprio, se ele for o verdadeiro autor de seus *atos*. Ou, como me expressei em ambos meus escritos premiados,[76] a liberdade não pode estar no *operari* [agir], tem de estar no *esse* [ser]; pois ela certamente existe.

Isso tudo não é apenas demonstrável *a priori*, mas até a própria experiência cotidiana nos ensina claramente que cada um traz para o mundo seu caráter moral já pronto e permanece inalteravelmente fiel a ele, até o fim. Mais ainda, essa verdade é pressuposta, de modo tácito mas seguro, na vida real e na vida prática, pois cada um estabelece para sempre sua confiança ou desconfiança no outro, de acordo com os traços de caráter que este uma vez revelou. Poderíamos assim estranhar como foi o contrário que teoricamente foi afirmado e ensinado por aproximadamente 1.600 anos, ou seja, que todos os homens

---

[76] Aqui Schopenhauer se refere aos seus dois escritos sobre a Moral, *A liberdade da vontade* e *Sobre o fundamento da moral*, reunidos por ele sob o título de *Os dois problemas fundamentais da ética*. Só o primeiro foi de fato premiado pela Sociedade Real Norueguesa de Ciências; ao segundo, o prêmio foi recusado pela Sociedade Real Dinamarquesa de Ciências, sob a alegação de que o autor havia omitido nesse escrito o nexo entre a metafísica e a ética. Talvez Schopenhauer mencione os dois escritos como premiados, por não se ter conformado com o veredicto do júri, estando de fato sua defesa expressa no prefácio da obra que os reúne. (N.T.)

são, no aspecto moral, originalmente bem iguais e que a grande diferença de suas ações nasce, não por causa da diferença originária e inata da sua disposição e do seu caráter e, menos ainda, por causa das circunstâncias e ocasiões que se apresentam, mas nasce do nada, nada esse que recebe logo o nome de "vontade livre". — Só que essa doutrina absurda é tornada necessária por meio de uma outra suposição puramente teórica, com a qual se conecta perfeitamente, ou seja, por meio daquela que diz que o nascimento do homem é o começo absoluto da sua existência, já que ele é *criado* do nada (um *terminus ad hoc*). Se, sob essa pressuposição, a vida ainda deve conter um significado e uma tendência morais, então certamente só deve encontrar sua origem no seu curso e a partir do nada, do mesmo modo como esse homem é pensado totalmente a partir do nada, já que toda relação a uma condição precedente, a uma existência anterior ou a uma ação extratemporal, que remeta claramente para a diferença incomensurável, originária e inata do caráter moral, está aqui para sempre excluída. Daí, portanto, a absurda ficção da vontade livre. É sabido que as verdades estão todas em conexão, mas também que os erros se exigem mutuamente — do mesmo modo que *uma* mentira exige uma segunda, ou como duas cartas, apoiadas uma contra a outra, apoiam-se mutuamente, enquanto nada as derrubar.

3. Admitindo-se o teísmo, as coisas não ficam melhores para a nossa continuidade após a morte, do que para a liberdade da vontade. O que é criado por um outro tem um começo de sua existência. É extremamente ousado admitir que, depois que alguém não tenha sido durante um tempo infinito, deva, de agora em diante, durar por toda eternidade. Se eu, ao nascer, surgi do nada e fui criado do nada, então é altamente verossímil que, na morte, vire nada de novo. Duração infinita, *a parte post*, e nada, *a parte ante*, não andam juntos. Só o que é propriamente originário, eterno e incriado pode ser indestrutível (sobre isso Aristóteles, *De caelo* I, capítulo 12, pp. 281-3, e Priestley, *On matter and Spirit* [v. I], p. 284). Em todo caso, podem perder as

esperanças diante da morte aqueles que acreditam terem sido, há trinta ou sessenta anos, um puro nada e, a partir desse nada, terem surgido depois como uma obra de um outro, pois têm assim a difícil tarefa de admitir que uma existência que nasceu desse modo terá duração eterna, apesar de seu começo tardio, que só se deu depois do transcorrer de um tempo infinito. Em contrapartida, como poderia temer a morte quem se reconhecesse e se soubesse como sendo o ser originário e eterno, a fonte de toda existência, alguém que soubesse que fora dele não existe propriamente nada e que terminasse sua existência individual com o dito dos sagrados Upanixades na boca ou no coração: *Hae omnes creaturae in totum ego sum, et praeter me aliud ens non est* [Sou todas estas criaturas na totalidade, e além de mim não há nenhum outro]. Só ele poderia assim, pensando consequentemente, morrer tranquilo. Pois, como foi dito, a *aseidade* é a condição tanto da imputabilidade, como da imortalidade. De acordo com isso, na Índia, estão perfeitamente em casa o desprezo pela morte e a mais completa impassibilidade e, mesmo, a alegria em morrer. O judaísmo, em contrapartida, que é originariamente a única religião puramente monoteísta, que ensina um deus verdadeiramente criador do céu e da Terra, não tem, com perfeita consequência, nenhuma imortalidade e, assim também, nenhuma recompensa após a morte, mas meros castigos e recompensas temporais, por meio do que se distingue de todas outras religiões, mesmo que não seja para sua vantagem. As duas religiões que brotaram do judaísmo tornaram-se propriamente inconsequentes, ao assumirem a imortalidade de outras doutrinas melhores, conhecidas por eles de outros lugares, mantendo, no entanto, o deus criador e caindo, por isso, na inconsequência.[77] Que o judaísmo, como

---

[77] A religião própria dos judeus, como ela está exposta no *Gênesis* e em todos os livros históricos até o final das Crônicas, é a mais rústica de todas as religiões, porque é a única que não tem nenhuma doutrina da imortalidade, nem nenhum traço dela. Cada rei e cada herói ou profeta é, ao morrer, enterrado com seus ancestrais e, com isso, tudo se acaba: não há nenhum traço de qualquer existência após a morte e, mesmo, como se fosse de propósito, todo pensamento desse tipo parece ser posto de

lado. Por exemplo, Jeová dirige um longo discurso elogioso ao rei Josias que termina com a promessa de uma recompensa. Esta promessa diz: Ἰδοὺ προστίθεμί σε πρὸς τοὺς πατέρας σου καὶ προστεθήσῃ πρὸς τὰ μνήματά σου ἐν εἰρήνη [veja, eu quero reunir-te com teus antepassados e estarás junto com eles em paz no túmulo deles] (2 Cron., 34, 28) e que ele portanto não deve viver até o reinado de Nabucodonosor. Mas não há qualquer pensamento em outra vida depois da morte e, assim, numa recompensa positiva além da negativa, que é a de morrer e de não experimentar nenhum sofrimento ulterior. Mas tendo o senhor Jeová usado e torturado sua obra e brinquedo suficientemente, então o põe fora no estrume: isto é a sua recompensa. Justo porque a religião judaica não conhece nenhuma imortalidade e, consequentemente, nenhum castigo depois da morte, Jeová não pode ameaçar o pecador, para quem na Terra tudo vai bem, de nenhum outro modo a não ser castigando suas más ações na pessoa de seus filhos e filhos de seus filhos até a quarta geração, como pode ser visto no Êxodo [2. Mos.] 34, 7 e nos Números [4. Mos.] 14, 18. — Isso prova a ausência de uma doutrina da imortalidade. Do mesmo modo também na passagem de Tobias 3, 6, em que este pede a morte a Jeová, ὅπως ἀπολυθῶ καὶ γένωμαι γῆ [que eu me redima e volte ao pó], e nada além disso, nenhum conceito de uma existência após a morte. — No Velho Testamento é prometido como recompensa da virtude o viver muito tempo na Terra (por exemplo, Moisés 5, 16 e 33), ao contrário, nos Vedas, a recompensa é o não nascer de novo. O desprezo que os outros povos sempre votaram aos judeus pode estar baseado, em grande parte, no caráter pobre de sua religião. O que expressa o Koheleth 3, 19, é o próprio credo da religião judaica. Se algo alude a uma imortalidade, como em Daniel 12, 2, então é uma doutrina introduzida de fora, como a que se depreende de Daniel 1, 4 e 6. No segundo livro de Macabeus, 7, apresenta-se claramente a imortalidade; o que é de origem babilônica. Todas as outras religiões, tanto a hindu, como a brâmane e a budista, a dos egípcios, persas e druidas, ensinam a imortalidade e também, com exceção dos persas no Zendavesta, a metempsicose. O fato de que o Edda, especialmente o Voluspa, ensine a transmigração, é estabelecido por D.G. Ekendahl na sua resenha do *Svenska siare och skalder*. De Atterbom nas suas "Blätter für litterarische Unterhaltung" de 25 de agosto de 1843. Mesmo os gregos e os romanos tinham algo *post letum* [depois da morte], o Tártaro e o Elísio, e diziam: "Sunt aliquid manes, letum non omnia finit / Luridaque evictos effugit umbra rogos" [Os manes ainda são algo, a morte não acaba com tudo. E a pálida sombra eleva-se vencedora das flamas da pira] (Propertius, *Elegiae* 4, 7). O propriamente essencial numa religião é principalmente a convicção que ela nos dá que nossa própria existência não está limitada à nossa vida, mas que é infinita. A pobre religião judaica não nos dá isso de nenhum modo e nem ao menos ousa fazê-lo. Portanto, ela é a religião mais rude e pior de todas, consistindo apenas num teísmo absurdo e revoltante. Remonta a isso que o κύριος [senhor] que fêz o mundo quer ser adorado; por isso ele é antes de tudo ciumento e invejoso de seus camaradas, os demais deuses. Quando se faz sacrifícios a esses, ele se zanga e tudo vai mal para os judeus. Todas essas outras religiões são insultadas no LXX [Septuaginta] como βδέλυγμα [abominável], mas é o rústico judaísmo sem-imortalidade que merece esse insulto. O fato de que tal religião tenha se tornado o fundamento das religiões dominantes na Europa é bem lamentável. Pois é uma religião sem qualquer tendência metafísica. Enquanto todas as outras religiões procuram trazer para o povo a significação metafísica da vida, simbólica e analogicamente, a religião judaica é uma religião completamente imanente e nada oferece a não ser um mero grito de já foi dito, seja a única religião monoteísta, isto é, que ensine um Deus-criador como origem de todas as coisas, é um mérito que incompreensivelmente se procurou ocultar, já que sempre se afirmou que todos os povos adoravam o deus verdadeiro, mesmo se sob outros nomes. Para isso não só faltava muito, mas tudo. O fato de que o budismo — portanto a religião que é a mais importante no mundo por causa do número de seus adeptos — é completa e expressamente ateísta é posto fora de dúvida pela concordância de todos os testemunhos autênticos e documentos originais. Também os Vedas não ensinam a existência de nenhum Deus criador, mas de uma alma do mundo, chamada o Brama, do qual o Brama, nascido do umbigo de Vishnu, com as quatro faces e como parte do Trimurti, é apenas uma personificação popular na extremamente transparente mitologia hindu. Ele expressa manifestamente a criação, o surgimento dos seres, tal como Vishnu, o seu cume, e Shiva, sua decadência. A sua produção do mundo é também uma ação pecadora, como a encarnação cósmica do Brama. Depois, como sabemos, Ahriman é igual ao Ormuzd do Zendavesta e ambos surgem do tempo incomensurável, Zervane Akerene (se esta afirmação é correta). Igualmente, na muito bela e extremamente digna de ser lida *Cosmogonia dos fenícios*, escrita por Sanchoniathon e conservada para nós por Phylon Byblius, que talvez seja o protótipo da cosmogonia mosaica, não encontramos nenhum traço do teísmo ou da criação do mundo por um ser pessoal. Ou seja, aqui também vemos, como no Gênesis mosaico, o caos originário mergulhado na noite,

guerra para combater outros povos. A *Educação do gênero humano* de Lessing deveria chamar-se *Educação do gênero judaico,* pois todo gênero humano estava convencido daquela verdade, excetuando-se esses eleitos. Por isso mesmo os judeus são o povo eleito de seu Deus e Ele é o Deus eleito de seu povo. E ninguém mais tem de se preocupar com isso.῎Εσομαι αὐτῶν θεός, καὶ αὐτοὶ ἔσονται μου λαός [Eu quero ser o seu Deus, vocês devem ser meu povo] é um trecho de um profeta [Jeremias, 31, 33, segundo Clemente de Alexandria]. Quando observo porém que os atuais povos europeus são vistos de algum modo como herdeiros daquele povo eleito de Deus, não posso esconder meu pesar. Em contrapartida, não pode ser contestada aos judeus a fama de ter a única religião realmente monoteísta na face da Terra: nenhuma outra apresenta um Deus objetivo, criador do céu e da Terra.

mas nenhum Deus apresenta-se comandando que se faça a luz ou que se faça isto e aquilo. Oh, não! Mas ἠράσθη τὸ πνεῦμα τῶν ἰδίων ἀρχῶν [o espírito se apaixona por seus próprios princípios] (Sanchoniathon, *Phoenicum theologia*, Editio Orelli, p. 8), por meio do que surge uma mistura daqueles componentes originários do mundo, a partir da qual desenvolve-se a lama original e, de fato, muito a propósito e significativamente, em consequência da nostalgia (πόθος), que, como nota corretamente o comentador, é o Eros dos gregos. Dessa lama surgem as plantas e, finalmente, também os seres que conhecem, quer dizer, os animais. Pois até aí, como é expressamente dito, tudo aconteceu sem conhecimento: Αὐτὸ δὲ οὐκ ἐγίγνωσκε τὴν ἑαυτοῦ κτίσιν [mas não reconheceu sua própria criação]. (Assim está escrito, acrescenta Sanchoniathon, na cosmogonia escrita por Taaut, o egípcio.) Uma zoogonia mais detalhada segue-se à sua cosmogonia. São descritos certos processos atmosféricos e terrestres, que realmente lembram as hipóteses consequentes da nossa geologia atual. Por último, raios e trovões seguem-se a pesadas chuvas, e os animais cognoscentes, sobressaltados pelo barulho, acordam para a existência, "e doravante o *macho* e a *fêmea* movem-se na Terra". Eusebios, a quem devemos estes fragmentos de Philon Byblios [*Praeparatio evangelica*, lib. 2, capítulo 10] acusa, com plena razão, essa cosmogonia de ateísmo. Isso ela o é, inquestionavelmente, como todas as doutrinas da criação do mundo, com exceção da judaica. Na mitologia dos gregos e romanos encontramos, por certo, deuses como pais dos deuses e, acessoriamente, dos homens (embora estes originalmente sejam a obra de barro de Prometeu), não encontramos todavia nenhum deus criador. O fato de que, posteriormente, alguns filósofos que tomaram conhecimento do judaísmo tenham querido interpretar o pai Zeus como um deus criador importa tão pouco quanto o fato de que Dante, sem ter pedido sua permissão, querer identificá-lo, no seu inferno, com Domeneddio, cuja inaudita sede de vingança e crueldade são ali celebradas e pintadas (por exemplo canto 14, 70). Finalmente, é também totalmente errada a informação, repetida incontáveis vezes, que os selvagens norte-americanos adoravam, sob o nome de *grande espírito*, o deus criador do céu e da terra, sendo assim puros teístas. Esse erro foi recentemente refutado num discurso sobre os selvagens norte-americanos, que John Scouler pronunciou numa sessão da Sociedade Etnográfica de Londres, que ocorreu em 1846, e da qual "L'Institut, journal des sociétés savantes", seção 2, julho de 1647, dá um resumo: Quando se fala do *Grande Espírito* nos relatos sobre as superstições dos índios, somos inclinados a crer que essa expressão indica uma representação que concorda com a que associamos a ela, e que sua fé seja um simples *teísmo* natural. Só que esta interpretação está bem longe da verdade. A religião de tais índios é, antes, um puro *fetichismo* que consiste em feitiços e bruxarias. No relato de Tanner, que, desde a infância, conviveu com eles, os detalhes são fiéis e notáveis e, em contrapartida, muito diferentes das descobertas de certos escritores: deduz-se a partir deles que a religião desses índios é realmente apenas um fetichismo, semelhante àquele que era encontrado antigamente entre os finlandeses e que, ainda hoje, existe entre os povos da Sibéria. Entre os índios que habitam a leste das montanhas, o fetiche consiste meramente em qualquer objeto ao qual se atribuem qualidades ocultas etc.

Em consequência disso, a opinião que está em pauta aqui tem de dar lugar ao seu oposto, i.é., que apenas um único povo, de fato bem pequeno, insignificante e desprezado por todos os povos coetâneos, e o único que vive sem nenhuma fé na continuidade após a morte, mas eleito para este fim, teve o monoteísmo ou o conhecimento do verdadeiro Deus. E teve tal conhecimento não pela filosofia, mas somente pela revelação, como aqui é mais adequado. Pois de que valeria a revelação que somente ensinasse aquilo que já se sabia sem ela? O fato de que nenhum outro povo jamais tivesse concebido tal ideia tem de contribuir para nossa avaliação da revelação.

§ 14
Algumas considerações sobre minha própria filosofia

Quase nenhum sistema filosófico é tão simples e composto de tão poucos elementos como o meu, podendo, por isso, ser facilmente visto e apreendido com *um* olhar. Isso repousa em última análise na plena unidade e consonância de seus pensamentos fundamentais e é um indício favorável de sua verdade, já que esta está ligada à simplicidade: Ἁπλοῦς ὁ τῆς ἀληθείας λόγος ἔφυ [Quem tem de dizer a verdade expressa-se simplesmente] (Eurípedes, *Phoenissae,* 469) — *simplex sigillum veri* [o selo da verdade está na simplicidade]. Poder-se-ia chamar meu sistema de *dogmatismo imanente*, pois, embora seus princípios doutrinais sejam de fato dogmáticos, não ultrapassam todavia o mundo dado na experiência, mas apenas esclarecem *o que ele é*, já que o decompõe em suas partes componentes. A saber, o antigo dogmatismo derrubado por Kant (e não menos as fanfarronadas dos três modernos sofistas da Universidade) é transcendente, uma vez que ultrapassa o mundo para explicá-lo por meio de algo outro: torna-o consequência de uma razão, a partir da qual o deduz. Minha filosofia, em contrapartida, começa com a afirmação de que só existem razões e consequências no mundo e desde que este esteja pressuposto. Já que o princípio de razão em suas quatro modalidades é apenas a forma mais geral do intelecto, só neste, como o verdadeiro *locus mundi* (lugar do mundo), é que se manifesta o mundo objetivo.

Em outros sistemas filosóficos a consequência se realiza por meio da inferência de um princípio a partir de outro. Para isso, porém, o conteúdo próprio do sistema tem de já estar necessariamente presente nos princípios mais elevados. Por meio disso o restante, como aquilo que daí deriva, dificilmente pode deixar de ser monótono, pobre e tedioso, pois apenas desenvolve e repete o que já foi dito nos princípios fundamentais. Essa triste consequência da inferência demonstrativa apresenta-se mais sensivelmente em Christian Wolff; mas até mesmo Espinosa, que seguiu aquele método rigorosamente, não pode evitar completamente tal desvantagem. — Em contrapartida, meus princípios, na sua maior parte, não se apoiam em cadeias de razões, mas imediatamente no próprio mundo intuitivo e, no meu sistema, toda inferência rigorosa, que existe como em qualquer outro, não é, via de regra, obtida por caminhos meramente lógicos, mas é, antes, aquela natural concordância dos princípios que surge inevitavelmente, porque está no seu fundamento o conjunto do próprio conhecimento intuitivo, ou seja, a apreensão intuitiva do mesmo objeto que é observado de diferentes lados, portanto do mundo real em todos os seus fenômenos, considerado pela consciência, que é onde se apresenta. Por isso, pude também ficar sempre despreocupado quanto à harmonia de meus princípios, até mesmo quando alguns deles me pareciam incompatíveis, como aconteceu algumas vezes num certo período de tempo. Pois encontrou-se depois a concordância por si mesma, na medida em que os princípios apareceram juntos e completos. Porque a concordância não é para mim outra coisa a não ser a concordância da realidade consigo mesma, que assim nunca pode faltar. Isso é análogo ao fato de que, às vezes, quando observamos um edifício pela primeira vez e apenas por *um* lado, ainda não entendemos a conexão de suas partes e todavia estamos certos de que ela não falta e que se mostrará, logo que o circundemos completamente. Essa espécie de consonância é, porém, por causa do seu caráter originário e por estar sob constante controle da experiência, plenamente segura. Em contrapartida, aquela que é derivada e que apenas o silogismo produz pode facilmente alguma vez ser julgada falsa, isto é, logo que algum membro da longa cadeia for falso, frouxamente ligado ou errado. De acordo com isso, a minha filosofia tem um solo mais amplo, sobre o qual tudo está apoiado diretamente e, portanto, de modo mais seguro, enquanto os demais sistemas parecem torres construídas até o alto: rompendo-se *um* suporte, rompe-se tudo. Tudo isto dito, pode-se depreender que minha filosofia surgiu e está exposta na via analítica e não na sintética.

Posso alegar como sendo o caráter próprio da minha filosofia o fato de eu procurar as coisas *no solo de onde surgem*, já que não deixo de persegui-las até o último elemento real dado. Isso acontece em virtude de uma tendência natural que me torna quase impossível contentar-me com qualquer forma de conhecimento mais geral e abstrato e, por isso, ainda mais indeterminado, com meros conceitos, para nem falar de meras palavras. Essa tendência impele-me para diante até que tenha nu, diante de mim, o último fundamento de todos os conceitos e proposições, que sempre é intuitivo e que, então, tenho de deixar existir como fenômeno originário, mas, onde for possível, ainda decompô-lo em seus elementos, sempre perseguindo a essência da questão até o extremo. Por essa via, um dia se reconhecerá (não por certo enquanto eu viver) que o tratamento desse mesmo objeto por quaisquer dos filósofos anteriores parece superficial, quando comparado com o meu. Por isso, a humanidade terá aprendido de mim muitas coisas que nunca esquecerá, e meus escritos nunca cairão no esquecimento.

Também o teísmo deixa que o mundo surja de uma *vontade*, que os planetas sejam guiados em suas órbitas por uma vontade e que uma natureza seja produzida por ela na superfície desses planetas. Só que desloca de modo infantil essa vontade para fora e só a deixa agir sobre as coisas mediatamente, a partir da intromissão do conhecimento e da matéria, de acordo com o modo do agir humano. Ao passo que, em mim, a vontade não age tanto nas coisas, mas dentro delas, e elas próprias nada mais são do que a visibilidade da vontade. Nessa concordância, vemos que todos nós não podemos pensar o originário de outro modo a não ser como uma *vontade*. O *panteísmo* chama a vontade que age nas coisas de um deus; já censurei o absurdo disso muitas vezes e de modo severo. Eu, em contrapartida, chamo-a de *vontade de viver*, porque esta corresponde ao último elemento que pode ser conhecido nele. — Porém, essa mesma relação do mediato ao imediato aparece de novo na moral. Os teístas querem um equilíbrio entre o que uma pessoa faz e o que ela sofre. Eu também. Porém, admitem-na só mediante o tempo e um juiz e vingador; em contrapartida, eu a admito imediatamente, pois reconheço, no agente e no paciente, a mesma pessoa. Os resultados morais do cristianismo, até a mais alta ascese, encontram-se em mim racionalmente fundamentados e em conexão com as coisas, ao passo que no cristianismo são fundamentados por meras fábulas. A fé no cristianismo desaparece cada dia mais e, por isso, se tem de recorrer à minha filosofia. Os *panteístas* não podem ter nenhuma moral pensada seriamente — pois para eles tudo é divino e excelente.

Fui muito criticado por ter exposto, ao filosofar e, pois, teoricamente, a vida como cheia de misérias e de nenhum modo desejável. Quem, no entanto, manifesta praticamente o mais decisivo menosprezo por ela é louvado e mesmo admirado, e quem cuida ciosamente da sua preservação é desprezado.

Mal meus escritos despertaram a atenção de uns poucos, já se levantou a questão a propósito da demanda de prioridade do meu pensamento fundamental, tendo sido alegado que Schelling teria dito uma vez: "O querer é o fenômeno originário" e qualquer coisa desse teor que se pudesse alegar. A respeito dessa questão, deve ser dito que a raiz de minha filosofia já está na kantiana, especialmente na doutrina do caráter sensível e inteligível, mas, principalmente, sempre onde Kant traz a coisa-em-si um pouco mais perto da luz, é como *vontade* que ela se deixa ver através de seu véu. Já chamei a atenção para isso, expressamente, na minha *Crítica da filosofia kantiana* e disse por isso mesmo que minha filosofia é apenas o pensar a filosofia de Kant até o fim. Por isso, não devemos ficar admirados se encontrarmos nos filosofemas de Fichte e Schelling, que se originam de Kant, traços daquele mesmo pensamento fundamental, embora eles se apresentem sem sequência, coerência e continuidade. Por isso, devem ser vistos como um mera prefiguração da minha doutrina. Sobre esse ponto é preciso dizer que, em geral, antes que toda grande verdade seja descoberta, anuncia-se um pressentimento, uma premonição, uma imagem obscura como na névoa e uma vã ambição de apreendê-la, justamente porque os progressos do tempo a prepararam. De acordo com isso, pronunciamentos isolados as preludiam. Mas só quem reconheceu uma verdade a partir de suas razões e refletiu sobre as suas consequências desenvolveu todo o seu conteúdo e abrangeu todo o contorno de seu alcance e, depois, a expôs clara e coerentemente, com plena consciência de seu valor e de sua importância, é que é seu autor. O fato de que ela, em contrapartida, nos tempos antigos ou modernos, tivesse alguma vez sido expressa com meia consciência e como que falando dormindo, e que tivesse sido encontrada, quando depois se procurou por ela, não significaria muito mais do que estivesse ali *toditem litteris* [com todas as letras], embora existisse *toditem verbis* [com todas as palavras], do mesmo modo que o descobridor de uma coisa é apenas aquele que, reconhecendo o seu valor, a apanhou e a conservou, mas não aquele que a tomou uma vez por acaso nas mãos, deixando-a cair de novo. Ou do modo como Colombo é o descobridor da América e não o primeiro náufrago, que as ondas alguma vez lá jogaram. Esse é justamente o sentido do dito de Donatus: *Pereant, qui ante nostra dixerunt* [Pereçam os que o disseram antes de nós]. Se se quiser fazer valer tais afirmações casuais como prioridades contra mim, então se terá de ir buscá-las bem antes, mencionando, por exemplo, o que diz Clemente de Alexandria (*Stromata* 2, capítulo 17, p. 304) : Προηγεῖται τοίνυν πάντων τὸ βούλεσθαι· αἱ γὰρ λογικαὶ δυνάμεις τοῦ βούλεσθαι διάκονοι πεφύκασι (Vello ergo omnia antecedit: rationales enim facultates sont voluntatis ministrae) [O querer tudo precede: pois as potências da razão são servidoras da vontade], como também o que já diz Espinosa: "Cupiditas est ipsa uniuscuiusque natura sive essentia" [O desejo é a natureza ou essência de cada um] (*Ètica*, pars 3, prop. 57, demonstratio) e, antes, prop. 9, escólio: *Hic conatus, cum ad mentem solam refertur, voluntas appelatur; sed cum ad mentem et corpus simul refertur, vocatur appetitus, qui proinde nihil alius est, quam ipsa hominis essentia* [Este impulso (*conatus*) chama-se vontade, quando se refere só ao espírito; mas chama-se apetite quando se refere ao espírito e ao corpo, que portanto não é outra coisa senão a própria essência humana].[78] E, finalmente, pars 3, definitio I, explicatio, p. 183. Com maior razão diz Helvécio: "Il n'est point des moyens que l'envieux, sous l'apparance de la justice, n'emploie pour dégrader le mérite... C'est l'envie seule que nous fait trouver dans les anciens toutes les découvertes modernes. Une phrase vide de sens, ou du moins ininteligible avant ces découvertes, suffit pour faire crier au plagiat" [Não há nenhum meio que o invejoso, sob a aparência da justiça, não empregue para aviltar o mérito... É apenas a inveja que nos faz encontrar nos antigos todas as descobertas modernas. Uma frase sem sentido ou pelo menos, antes dessas descobertas, ininteligível é suficiente para fazer clamar contra o plágio] (*De l'esprit*, 4, 7, p. 228). Seja-me ainda permitido lembrar, ainda sobre esse ponto, um trecho de Helvécio, cuja menção peço no entanto que não seja atribuída à minha vaidade e presunção, mas apenas à ideia de não perder de vista a justeza dos pensamentos aí expressos, deixando em aberto se algo disto pode ou não ser aplicado a

---

[78] É necessário aqui remeter-se à concepção schopenhaueriana de *Wille*, que traduzimos por *vontade*, sendo que essa vontade só como vontade humana está ligada ao intelecto; enquanto simples querer ou querer-viver prescinde dos motivos, isto é, das representações intelectuais. Ora, em Schopenhauer, só o desejo (*Wunsch*), enquanto representação intelectual, pode se referir a alternativas diversas. O ato de vontade como ação corporal é algo efetivo, não se colocando mais a questão da escolha. Ao mesmo tempo, Schopenhauer rejeita que se possa querer *livremente*, isto é, querer algo que não corresponda à sua essência, já que o ato decorre do que se é, e não do que se pensa ser ou se *desejaria* ser. Assim a *vontade*, em Schopenhauer, não pode se referir só à mente, como nesta citação de Espinosa (*voluntas*), porquanto seria só *desejo*, mas, como mero *querer viver*, estaria mais próxima do *conatus*, aqui traduzido por *impulso*, como "esforço de perseverar na existência" (ver Marilena Chauí, *A nervura do real*, pp. 77-9), que, em Schopenhauer, extrapolaria o modo finito humano, tornando-se a chave da explicação metafísica do mundo, embora referida originariamente ao corpo. Note-se que Espinosa também não aceita a vontade livre, no sentido de livre-arbítrio, mas, como esclarece Chauí (idem, ibidem), o que define liberdade é a "*necessidade livre*", a saber, "uma ausência de constrangimento externo", sendo o homem "livre por necessidade de sua natureza". (N.T.)

mim: "Quiconque se plaît a considérer l'esprit humain voit, dans chaque siècle, cinq ou six hommes d'esprit tourner à la découverte que faît l'homme de génie. Si l'honneur en reste à ce dernier, c'est que cette découverte est, entre ces mains, plus féconde que dans les mains de toute autre; c'est qu'il rend ses idées avec plus de force et de netteté; et qu'enfin on voit toujours à la manière différente, dont les hommes tirent parti d'un principe ou d'une découverte, à qui ce principe ou cette découverte appartient" [Quem quer que aprecie observar o espírito humano, vê, em cada século, cinco ou seis homens de espírito girar em torno da descoberta que faz o homem de gênio. Se a honra cabe a este último, é porque tal descoberta é mais fecunda nas suas mãos, do que nas de qualquer outro; é porque ele expressa suas ideias com mais força e clareza; e porque, enfim, vemos sempre, a partir dos diferentes modos com que os homens tiram partido de um princípio ou de uma descoberta, a quem pertence esse princípio ou essa descoberta] (*De l'esprit*, 4, I).

Como consequência da guerra sem tréguas que, sempre e em toda parte, a incapacidade e a estupidez fazem contra o espírito e o entendimento — aquelas representadas por legiões e estes por alguns indivíduos —, todo aquele que produz algo valioso e genuíno tem de manter um combate difícil contra a falta de entendimento, o embotamento, o gosto pervertido, os interesses privados e a inveja, todos na mais digna aliança, sobre a qual diz Chamfort: (*Oeuvres choisis*, Bibliothèque Nationale, tom. 2, p. 44): "En examinant la ligue des sots contre les gens d'esprit, on croirait voir une conjuration de valets pour écarter les maîtres" [Examinando a liga dos imbecis contra as pessoas de espírito, acreditar-se-ia ver uma conjuração de criados para derrubar os senhores]. No meu caso acrescentou-se, além disso, um inimigo incomum: uma grande parte daqueles cujo cargo e cuja situação eram guiar o julgamento do público na minha especialidade foram empregados e pagos para expandir e louvar o que havia de pior, a *hegelharia*, e elevá-la às alturas. O que, porém, não pode dar certo quando se quer que o bem seja aceito pelo menos numa certa medida. A partir daí, esclarece-se para o leitor tardio o fato, até então enigmático para ele, de eu ter ficado tão estrangeiro para meus próprios contemporâneos como o homem na lua. Todavia, um sistema de pensamento que, mesmo na falta de uma participação dos demais, pode estimular seu autor, por toda uma vida, a se ocupar incansável e animadamente e estimulá-lo a um trabalho incessante e não remunerado, tem justamente nisso um testemunho de seu valor e sua verdade. Sem qualquer estímulo de fora, o amor pela minha ocupação manteve sozinho o meu esforço durante meus muitos dias de vida, não permitindo que eu me cansasse: olhei com desprezo para a fama estrepitosa dos maus. Pois, na entrada da vida, meu gênio colocou-me a escolha ou de conhecer a verdade, mas com ela não agradar ninguém, ou de apreender o falso com os outros, mas com encorajamento e sob aplausos. Para mim, a escolha não foi difícil. Porém, de acordo com isso o destino da minha filosofia foi o avesso daquele que teve a hegelharia, tão completamente, que se pode ver ambas como os lados opostos da mesma folha, correspondendo à natureza de ambas. A hegelharia, surgindo sem verdade, sem clareza, sem espírito e, mesmo, sem senso comum e, ainda por cima, com a vestimenta do mais nauseabundo não-senso, foi uma filosofia de cátedra outorgada e privilegiada, e portanto um disparate que alimentou seus adeptos. Minha filosofia, que surgiu no mesmo tempo que ela, tinha de fato todas as qualidades que lhe faltavam, mas não estava talhada para nenhum fim mais alto, não sendo também naquela ocasião apropriada para a cátedra e, portanto, como se diz, não servindo para nada. Daí se segue, tal como o dia à noite, que a hegelharia foi a bandeira a que todos acorreram, enquanto a minha, pelo contrário, não encontrou nem aplauso, nem seguidores, tendo sido, antes, com uma intencionalidade unânime, totalmente ignorada, abafada e, quando possível, sufocada. Pois aquele jogo tão importante teria sido estragado pela sua presença, tal como o jogo de sombras na parede, pela luz do dia. De acordo com isso, tornei-me o máscara de ferro ou, como diz o nobre Dorguth, o Kaspar Hauser dos professores de filosofia, isolado do ar e da luz, de tal modo que ninguém pudesse me ver e que minhas reivindicações inatas não pudessem ser respeitadas. Agora, porém, o homem que foi morto pelo silêncio dos professores de filosofia ressurge, para grande consternação desses professores, que não sabem nem mesmo que cara devem fazer.

FIM

CADASTRO
ILUMI*N*URAS

Para receber informações
sobre nossos lançamentos e
promoções envie e-mail para:

cadastro@iluminuras.com.br

A *Iluminuras* dedica suas publicações à memória de sua
sócia Beatriz Costa [1957-2020] e a de seu pai Alcides Jorge
Costa [1925-2016].